AF498033

RAPPORT

A SA MAJESTÉ L'EMPEREUR

SUR

LA SITUATION FINANCIÈRE

DES COMMUNES DE L'EMPIRE,

EN 1862.

PARIS.

IMPRIMERIE IMPÉRIALE.

M DCCC LXV.

RAPPORT

A SA MAJESTÉ L'EMPEREUR

SUR

LA SITUATION FINANCIÈRE

DES COMMUNES DE L'EMPIRE,

EN 1862.

Paris, le 20 mars 1865.

Sire,

Au moment où le Corps législatif est saisi de l'examen d'un projet de loi tendant à augmenter les attributions des conseils généraux et des conseils municipaux, il m'a paru opportun de réunir tous les documents propres à établir la situation financière des communes. Ce travail, qui a exigé le dépouillement de 37,505 comptes et budgets, n'avait pas été entrepris depuis 1836 : il s'applique à l'année 1862, et permet d'embrasser d'un coup d'œil, dans chaque département, l'ensemble des ressources et des charges communales.

J'ai l'honneur de mettre sous les yeux de Votre Majesté le résumé général de cette vaste enquête. Pour ajouter à l'intérêt qu'elle ne peut manquer de présenter, j'ai rapproché les résultats constatés en 1862 de ceux signalés en 1836 : ils accusent une différence considérable. Cette différence provient de causes qu'il importe de rappeler : 1° l'augmentation du chiffre de la population de l'Empire, qui, de 33,540,910 habitants en 1836, s'est élevé à 37,382,225 en 1862; 2° le développement correspondant de la richesse publique, qui, d'une époque à l'autre, s'est traduit par une progression énorme dans le produit des revenus indirects (616,496,000f à 1,197,058,000f).

A raison de son importance exceptionnelle, la ville de Paris a fait l'objet de tableaux distincts, et j'ai séparé ses opérations de celles des autres communes de l'Empire.

I.

COMMUNES DE L'EMPIRE, PARIS EXCEPTÉ.

Les recettes et les dépenses se décomposaient de la manière suivante en 1836 et 1862 :

	1836.	1862.		DIFFÉRENCE EN PLUS.	DIFFÉRENCE EN MOINS.
RECETTES ORDINAIRES.					
Cinq centimes additionnels ordinaires	8,932,300f 60c	»	9,650,330f 31c	727,030f 31c	»
Attributions sur les patentes	1,711,935 00	»	3,477,535 90	1,765,600 90	»
Impositions pour insuffisance de revenus, dépenses obligatoires et facultatives. — Produit	9,128,930 00	»	19,432,825 10	10,303,895 10	»
Produit brut de l'octroi	39,853,055 00	»	72,656,153 42	32,803,098 42	»
Droit de location des places aux halles, marchés, abattoirs, et du pesage et mesurage	11,925,641 00	»	15,550,219 33	3,624,578 33	»
Instruction primaire. Produit des centimes spéciaux	»	7,043,377f 34c	28,669,270 34	»	»
Instruction primaire. Produit de la rétribution scolaire	»	16,793,580 24			
Instruction primaire. Chiffre de la subvention accordée par l'État ou le département	»	4,832,312 76			
Chemins vicinaux. Impositions. (Produit des centimes spéciaux.)	»	12,602,438 75	61,525,089 61	»	»
Chemins vicinaux. Prestations. (Évaluation en argent.)	»	48,922,650 86			
Fermage des biens communaux	6,368,675 00	»	15,005,343 59	8,636,668 59	»
Coupes ordinaires de bois	3,328,629 00	»	10,849,494 86	7,520,865 86	»
Taxes affouagères et de pâturage	9,926,780 00	»	15,054,210 23	5,127,430 23	»
Rentes sur l'État	2,812,238 00	»	4,481,788 86	1,669,550 86	»
Rentes sur particuliers et intérêts de capitaux placés	688,906 00	»	1,049,106 68	360,200 68	»
Taxes communales diverses. (Transport des corps et concessions de sépulture dans les cimetières, péages, expéditions des actes civils ou administratifs, droits de voirie, droits de marque, etc.)	1,347,822 00	»	7,406,281 40	6,058,459 40	»
Taxe sur les chiens	»	»	4,075,603 37	»	»
Intérêts de fonds placés au Trésor	1,053,556 00	»	4,341,576 31	3,288,020 31	»
Recettes diverses et éventuelles. (Passeports, permis de chasse, attributions sur les amendes, etc.)	3,770,523 00	»	17,765,392 91	13,994,869 91	»
	100,848,990 00		291,899,431 40	191,050,441 40	»
RECETTES EXTRAORDINAIRES.					
Ventes d'immeubles	2,168,776 00	»	20,670,573 85	18,501,797 85	»
Coupes extraordinaires de bois	7,368,436 00	»	13,503,497 64	6,135,061 64	»
Impositions pour dépenses extraordinaires. (Amortissement d'emprunts, acquisitions, etc.) — Produit	4,690,558 00	»	19,486,136 42	14,795,578 42	»
Taxes additionnelles à l'octroi	»	»	6,012,650 70	»	»
Emprunts ou portions d'emprunts réalisés	2,524,393 00	»	55,462,043 55	52,937,650 55	»
Dons et legs	91,298 00	»	3,771,009 63	3,679,711 63	»
Recettes éventuelles diverses. (Remboursements de capitaux, etc.)	7,617,612 00	»	30,611,647 59	22,994,035 59	»
	24,461,073 00		149,517,559 38	125,056,486 38	»

	1836.	1862.		DIFFÉRENCE	
				EN PLUS.	EN MOINS.

DÉPENSES ORDINAIRES.

	1836.	1862.	1862.	EN PLUS.	EN MOINS.
Frais d'administration. — Personnel. — Salaires des différents employés et agents municipaux, à l'exception des commissaires et agents de police........	17,415,065f 00c	21,651,404 00	29,134,658f 38c	11,719,593f 38c	»
Frais d'administration. — Matériel. — Frais de bureau; fournitures diverses; entretien du mobilier...........		7,483,254 38			
Entretien des immeubles communaux. — Mairies, marchés, pavés, horloges, fontaines, éclairage, balayage et voirie municipale..........	10,971,679 00	»	24.588,784 50	13,617,105 50	»
Police. — Salaire des commissaires de police, gardes champêtres et gardes forestiers..........	1,675,671 00	»	17,896,848 36	16,221,177 36	»
Frais d'administration de l'octroi..........	5,288,971 53	»	10,055,695 69	4,766,724 16	»
Secours publics. — Subventions aux hospices, bureaux de bienfaisance, enfants assistés, sociétés de secours mutuels........	8,925,711 00	»	15,745,877 15	6,820,166 15	»
Garde nationale, pompiers. — Entretien des corps de garde, achat de mobilier, etc..........	2,237,069 00	»	3,164,873 76	927,804 76	»
Cultes...... — Personnel. — Traitement des ministres......	4,605,868 60	4,452,908 69	7,966,773 14	3,360,904 54	»
Cultes...... — Matériel. — Entretien des églises et presbytères, achat de mobilier..........		3,513,864 45			
Instruction publique. — Collèges, écoles et salles d'asile. — Traitements..........	15,115,424 50	42,192,556 58	47,899,795 31	32,784,370 81	»
Instruction publique. — Entretien des bâtiments et du mobilier......		5.707,238 73			
Chemins vicinaux..........	»	»	66,693,691 12	66,693,691 12	»
Pensions de retraite et secours..........	351,462 00	»	971,791 81	620,329 81	»
Contributions des propriétés communales, frais de casernement et dépenses diverses..........	17,244.004 58	»	32,836,159 38	15,592,154 80	»
	83,830,926 21		256,954,948 60	173.124,022 39	

DÉPENSES EXTRAORDINAIRES.

	1836.	1862.	1862.	EN PLUS.	EN MOINS.
Travaux publics et acquisitions d'immeubles — pour le culte..........	3,861,708 00	»	24,353,632 17	20,491,924 17	»
Travaux publics et acquisitions d'immeubles — pour l'instruction publique..........	3,239,579 00	»	17,217,249 54	13,977,670 54	»
Travaux publics et acquisitions d'immeubles — Chemins vicinaux..........	»	»	10,284,878 79	10,284,878 79	»
Travaux publics et acquisitions d'immeubles — pour divers services..........	18,051,393 12	»	77,266,734 11	59,215,340 99	»
Acquisitions de rentes..........	300,892 00	»	4,275,012 88	3,974,120 88	»
Remplois de capitaux..........			413,459 12	413,459 12	»
Intérêts et amortissement d'emprunts..........	5,877,101 00	»	27,949,055 17	22,071,954 17	»
Dépenses diverses extraordinaires..........	2,031,531 67	»	31,523,397 98	28,891,866 31	»
	33,962,204 79		193,283,419 76	159,321,214 97	»

De l'examen de cette situation, ressortent les faits suivants :

RECETTES.

1° Le revenu immobilier des communes qui, en 1836, ne s'élevait qu'à 19,624,084 fr. atteignait, en 1862, grâce aux conseils persévérants de l'Administration et à une meilleure entente des intérêts municipaux, le chiffre de 40,909,048 fr. 68 cent[1].

	1836.	1862.
Fermage de biens ruraux	6,368,675f 00c	15,005,343f 59c
Coupes ordinaires de bois	3,328,629 00	10,849,494 86
Taxes affouagères de pâturage	9,926,780 00	15,054,210 23
Totaux	19,624,084 00	40,909,048 68
Sans compter les coupes extraordinaires de bois	7,368,436 00	13,503,407 64

2° Le revenu mobilier des communes s'élevait, aux deux époques, à :

	1836.	1862.
Rentes sur l'État	2,812,238f 00c	4,481,788f 86c
Rentes sur particuliers et intérêts de capitaux placés	688,906 00	1,049,106 68
Totaux	3,501,144 00	5,530,895 54

3° Les communes retiraient de l'impôt direct, savoir :

	1836.	1862.
Cinq centimes additionnels ordinaires	8,932,300f 00c	9,659,330f 31c
Attributions sur les patentes	1,711,935 00	3,477,535 90
Impositions pour insuffisance de revenus	9,128,930 00	19,432,825 19
——— pour l'instruction primaire (3c)	"	7,043,377 34
——— pour chemins vicinaux (5c)	"	12,602,438 75
Taxe sur les chiens	"	4,975,803 37
Impositions pour dépenses extraordinaires	4,690,558 00	19,486,136 42
Totaux	24,463,723 00	76,677,447 28

[1] Il résulte d'un autre travail fait par mes soins que le revenu de 1862 s'appliquait à 3,449,375 hectares de propriétés productives. Il restait encore 935,965 hectares de terres vaines et vagues qui ne rapportaient rien aux communes.

4° Les communes ont demandé à l'impôt indirect, savoir :

		1836.	1862.
Octroi	Taxes ordinaires	30,853,055f 00c	72,656,153f 42c
	Taxes additionnelles		6,012,650 70
Location de places dans les halles foires et marchés		11,925,641 00	15,550,219 33
Taxes communales diverses		1,347,822 00	7,406,281 49
Recettes diverses et éventuelles		3,770,523 00	17,765,392 91
Totaux		56,897,041 00	119,390,697 85

DÉPENSES.

1° Le comparaison des dépenses faites en 1836 et en 1862 montre les améliorations dont les services municipaux les plus intéressants ont été l'objet.

		1836.	1862.
Cultes	Dépenses ordinaires	4,605,868f 60c	7,966,773f 14c
	Dépenses extraordinaires	3,861,708 00	24,353,632 17
		8,467,576 60	32,320,405 31
Instruction publique	Dépenses ordinaires	15,115,424 50	47,899,795 31
	Dépenses extraordinaires	3,239,579 00	17,217,249 54
		18,355,003 50	65,117,044 85
Secours publics		8,925,711 00	15,745,877 15
Chemins vicinaux	Dépenses ordinaires	....	66,693,691 12
	Dépenses extraordinaires	....	10,284,878 79
			76,978,569 91

2° En 1836, on comptait 29,855 communes s'imposant seulement 9,128,935 francs pour les dépenses facultatives et obligatoires; tandis qu'en 1862 le produit des impositions s'élevait, dans 24,080 communes, à 19,432,825 fr. 19 cent. Mais il faut remarquer que, depuis 1836, le nombre des dépenses rendues obligatoires pour les communes, par diverses dispositions législatives, a augmenté d'une manière sensible, ainsi que le prouve le tableau suivant :

DÉPENSES OBLIGATOIRES DES COMMUNES

EN 1836.	EN 1862.
	1° Entretien, s'il y a lieu, de l'hôtel de ville ou du local affecté à la mairie. (Loi du 18 juillet 1837.)
1° Frais d'administration. (Arrêté du 17 germinal an XI.)	2° Frais de bureau et d'impression pour le service de la commune. (*Idem.*)
2° Abonnement au *Bulletin des Lois.* (Arrêté du 29 prairial an VIII; décret du 25 mai 1811.)	3° Abonnement au *Bulletin des Lois*, pour les chefs-lieux de canton, et au *Moniteur des communes*, pour celles qui ne sont pas chefs-lieux. (Loi du 18 juillet 1837 et décret du 12 février 1852.)
	4° Frais de recensement de la population. (Loi du 18 juillet 1837.)
3° Frais des Tables décennales et de l'État civil. (Loi du 20 septembre 1792; arrêté du 23 vendémiaire an IX; décret du 20 juillet 1807.)	5° Frais des registres de l'État civil et portion des Tables décennales à la charge des communes. (*Idem.*)
4° Traitement du receveur municipal. (Décrets des 30 frimaire an XIII et 24 août 1812.)	6° Traitement du receveur municipal, du préposé en chef de l'octroi, et frais de perception. (Loi du 18 juillet 1837; ordonnances des 17 avril et 23 mai 1839.)
5° Salaire du garde champêtre. (Lois des 6 octobre 1791 et 20 messidor an III.)	7° Traitement des gardes des bois des communes et des gardes champêtres. (Loi du 18 juillet 1837.)
6° Traitement et frais de bureau des commissaires de police. (Arrêté du 23 fructidor an IX; décrets des 9 germinal an XI et 22 mars 1813.)	8° Traitement et frais de bureau des commissaires de police, tels qu'ils sont déterminés par les lois et décrets. (Loi du 18 juillet 1837; décrets des 28 mars 1852 et 27 février 1855.)
7° Dixième du produit de l'octroi. (Loi du 25 mai 1818.)	9° Pensions des employés municipaux et des commissaires de police régulièrement liquidées et approuvées. (Loi du 18 juillet 1837.)
	10° Frais de loyer et de réparation du local de la justice de paix, ainsi que ceux d'achat et d'en-

DÉPENSES OBLIGATOIRES DES COMMUNES

EN 1836.	EN 1862.
	tretien de son mobilier, dans les communes chefs-lieux de canton. (Loi du 18 juillet 1837.)
8° Dépenses de la garde nationale. (Loi du 22 mars 1831.)	11° Dépenses de la garde nationale, telles qu'elles sont déterminées par les lois. (Loi du 18 juillet 1837 et décret du 11 janvier 1852.)
9° Dépenses de l'instruction primaire. (Loi du 28 juin 1833.)	12° Dépenses relatives à l'instruction publique, conformément aux lois. (Lois des 18 juillet 1837 et 15 mars 1850.)
10° Dépenses relatives aux chemins vicinaux. (Loi du 21 mai 1836.)	13° Dépenses relatives aux chemins vicinaux. (Loi du 21 mai 1836.)
11° Frais de casernement. (Loi du 15 mai 1818; ordonnance du 5 août 1818.)	14° Frais de casernement. (Loi du 15 mai 1818; ordonnance du 5 août 1818.)
12° Dépenses du culte. (Décrets des 5 mai 1806, 30 décembre 1809 et 19 mai 1811.)	15° Indemnité de logement aux curés et desservants et autres ministres des cultes salariés par l'État, lorsqu'il n'existe pas de bâtiment affecté à leur logement. (Loi du 18 juillet 1837.)
	16° Secours aux fabriques des églises et autres administrations préposées aux cultes dont les ministres sont salariés par l'État, en cas d'insuffisance de leurs revenus, justifiée par leurs comptes et budgets. (Loi du 18 juillet 1837.)
13° Dépenses des enfants trouvés. (Décret du 11 janvier 1811; loi du 17 juillet 1819.)	17° Contingent assigné à la commune, conformément aux lois, dans la dépense des enfants assistés et des aliénés. (Lois des 18 juillet 1837, 30 juin 1838 et 10 mai 1838.)
	18° Grosses réparations aux édifices communaux, sauf l'exécution des lois spéciales concernant les bâtiments militaires et les édifices consacrés au culte. (Loi du 18 juillet 1837.)
14° Établissement et translation des cimetières. (Décret du 23 prairial an XII.)	19° Clôture des cimetières, leur entretien et leur translation dans les cas déterminés par les lois et règlements d'administration publique. (Loi du 18 juillet 1837, ordonnance du 6 décembre 1843.)
	20° Frais des plans d'alignement. (Loi du 18 juillet 1837.)
15° Frais des chambres de commerce. (Décret du	21° Frais et dépenses des conseils de prud'hommes,

DÉPENSES OBLIGATOIRES DES COMMUNES

EN 1836.	EN 1862.
23 septembre 1807; ordonnance du 21 décembre 1815.)	pour les communes où ils siégent; menus frais des chambres consultatives des arts et manufactures, pour les communes où elles existent, ainsi que des sociétés de secours mutuels. (Loi du 18 juillet 1837; décret du 26 mars 1852.)
16° Frais des chambres consultatives des manufactures. (Arrêté du 10 thermidor an XI.)	
17° Dépenses des conseils de prud'hommes. (Décret du 11 juin 1809.)	
18° Contributions établies sur les biens communaux. (Loi du 26 germinal an XI.)	22° Contributions et prélèvements établis par les lois, sur les biens et revenus communaux. (Lois des 18 juillet 1837 et 20 février 1849.)
	23° Secours et pensions accordés aux sapeurs-pompiers, à leurs veuves et à leurs orphelins. (Loi du 5 avril 1851.)
	24° Part contributive de la commune dans la dépense des travaux de défense contre les inondations. (Loi du 5 juin 1858.)
	25° Frais de tenue des assemblées électorales, pour l'élection des membres du Corps législatif, des conseils généraux, des conseils d'arrondissement, des conseils municipaux, des tribunaux de commerce, etc. (Loi du 7 août 1850.)
	26° Dépenses relatives à la mise en valeur des marais et des terrains incultes appartenant aux communes. (Loi du 28 juillet 1860.)
19° Frais de logement des présidents des cours d'assises. (Décret du 27 février 1811.)	27° Frais de logement des présidents des cours d'assises. (Décret du 27 février 1811.)
20° Frais des chambres ou dépôts de sûreté. (Loi du 28 germinal an VI; avis du Conseil d'État du 28 janvier 1824.)	28° Frais des chambres ou dépôts de sûreté. (Loi du 28 germinal an VI; avis du Conseil d'État du 28 janvier 1824.)
21° Frais de route des indigents envoyés aux eaux thermales. (Décret du 29 floréal an VII.)	29° Frais de route des indigents envoyés aux eaux thermales. (Décret du 29 floréal an VII.)
	30° Dépenses du matériel des commissions de statistique, pour les chefs-lieux de canton. (Décret du 1er juillet 1852.)
22° Frais de visite des fours et cheminées. (Loi du 28 septembre 1791, titre II, aticle 9.)	31° Frais de visite des fours et cheminées. (Loi du 28 septembre 1791.)
	32° Acquittement des dettes exigibles. (Loi du 18 juillet 1837.)

3° Le nombre des petites communes dont les ressources ordinaires satisfont difficilement aux nécessités de la vie municipale, a sensiblement diminué. Le tableau suivant montre la situation aux deux époques de 1836 et de 1862 :

REVENUS ORDINAIRES.

	AU-DESSOUS de 100f.	DE 101f à 200f.	DE 201f à 500f.	DE 501f à 10,000f.	DE 10,001f à 30,000f.	DE 30,001f à 100,000f.	DE 100,001f et au delà.
1836.........	860	1,909	8,595	25,090	499	184	95
1862.........	45	121	416	33,454	2,815	453	201

On voit que le nombre des communes dont le revenu ordinaire ne dépassait pas 500 francs s'est abaissé de 11,364 à 582, et que le nombre de celles dont le revenu ordinaire est supérieur à 10,000 francs s'est élevé de 778 à 3,469.

II.

PARIS.

Les recettes et dépenses de la ville de Paris offraient les résultats suivants :

		1836.	1862.	DIFFÉRENCE	
				EN PLUS.	EN MOINS.
Recettes..........	ordinaires..............	41,874,503f 00c	116,999,788f 44c	75,125,285f 44c	"
	extraordinaires..........	184,000 00	45,636,845 16	45,452,845 16	"
	Totaux des recettes...	42,058,503 00	102,636,633 60	120,578,130 60	"
Dépenses..........	ordinaires..............	31,857,021 79	64,115,518 81	32,258,497 02	"
	extraordinaires..........	10,201,481 21	98,495,574 84	88,294,093 63	"
	Totaux des dépenses..	42,058,503 00	162,611,093 65	120,552,590 65	"

Il me semble inutile d'examiner en détail le budget de la ville de Paris : un tableau spécial en présente le développement. Je me borne à citer deux chiffres qui expliquent les différences considérables relevées à vingt-six ans de distance.

	1836.	1862.	DIFFÉRENCE	
			EN PLUS.	EN MOINS.
Population	899,313h	1,667,841h	768,528h	"
Produit de l'octroi	27,715,800f 00c	80,764,511f 20c	53,048,711f 20c	"

Tel est, Sire, le tableau de la situation financière des communes de l'Empire. Il prouve que partout les administrations municipales, maîtresses de leurs finances, ont compris que leurs efforts devaient être à la hauteur des besoins moraux et matériels dont la satisfaction est la mesure de la civilisation d'un grand pays. Elles ont ainsi secondé les intentions de Votre Majesté, qui n'attache pas moins de prix au bien-être modeste des plus humbles hameaux qu'aux embellissements des plus grandes cités de l'Empire.

Je suis avec le plus profond respect,

Sire,

De Votre Majesté,

Le très-humble, très-obéissant et très-fidèle serviteur et sujet.

Le Ministre de l'intérieur,

P. BOUDET.

ÉTATS

PRÉSENTANT, PAR DÉPARTEMENTS,

LA SITUATION FINANCIÈRE

DES COMMUNES DE L'EMPIRE.

EXERCICE 1862.

ÉTAT N° 1.

RECETTES COMMUNALES.

des com

ours .inaires bois. 17
fr. c.
,375 00
,306 19
,365 00
,104 15
,579 00
,970 34
,332 00
,060 00
,225 00
11,088 56
33,194 00
1,536 00
41,924 00
30 00
8,983 59
2,782 75
485 00
16,104 20
11 90
104 00
515,979 00
″
7,910 00
″
620,008 62
72,614 25
1,760 19
3,638 70
″
259,870 00

munes en 1862.

RECETTES COMMUNALES

TAXES affouagères et de pâturage.	RENTES sur l'État.	RENTES sur les particuliers et intérêts de capitaux placés.	TAXES COMMUNALES diverses. (Transport des corps et concessions de sépulture dans les cimetières, péages, expéditions des actes civils ou administratifs, droits de voirie, droits de marque, etc.)	TAXES sur les chiens.	INTÉRÊTS de fonds placés au trésor.	RECETTES diverses et éventuelles. (Passeports, permis de chasse, attributions sur les amendes, etc.)	TOTAL des recettes ordinaires.	VENTES d'immeubles.	COUPES extraordinaires de bois.
18	19	20	21	22	23	24	25	26	27
fr. c.	fr. c.	fr. c.	fr. c.	fr. c.	fr. c.	fr. c.	fr. c.	fr. c.	fr. c.
224,683 00	36,270 00	2,389 00	26,595 00	35,906 00	36,868 00	470,244 00	2,692,115 00	56,512 00	358,154
109,059 41	90,754 88	7,779 83	117,186 05	132,206 00	68,415 30	337,143 08	5,166,865 33	152,615 94	128,989
448 00	10,065 80	13,768 01	51,114 37	45,795 00	17,875 73	101,164 29	1,761,037 29	93,096 85	1,827
114,468 60	23,493 75	4,374 57	15,680 86	12,166 50	11,639 44	40,374 12	968,009 80	15,714 60	11,521
224,238 00	6,397 00	372 00	1,319 00	8,430 00	6,461 00	38,906 00	930,693 00	6,800 00	11,825
96,676 14	28,152 85	16,059 89	48,195 46	13,146 15	46,010 23	84,354 68	2,084,755 84	125,240 06	328,840
8,067 00	10,611 00	10.633 00	95,596 00	21,762 00	23.240 00	26,472 00	1,657,269 00	13,179 00	2,470
248,004 00	52,434 00	7,945 00	54,127 00	60,672 00	51,888 00	292,162 00	3,604,162 00	192,727 00	259,033
23,377 31	2,660 25	854 71	3,908 67	16,931 25	12,354 95	17,060 39	1,153,243 60	25,718 81	23,185
311,482 24	133,772 25	3,593 42	39,235 31	59,966 00	42,480 27	326,706 74	2,976,792 90	167,119 62	327,248
35,828 61	22,748 28	2,591 86	14,608 18	34,334 33	17,933 00	108,934 49	2.264,563 42	29,936 91	22.527
30,801 59	33,658 00	2,627 00	20,009 30	23,820 00	13,682 07	64,450 49	1,055,453 97	110,788 01	1,760
33,488 00	16,449 00	6,044 00	854,388 00	51,662 00	257,171 00	354,170 00	11.238,065 00	7,347,620 00	56,481
28,986 00	100,154 00	39,503 00	125,003 00	111,250 00	41.343 00	170,787 00	4,002,231 00	168,064 00	//
15,170 93	16,883 52	4,356 90	43,672 88	19,757 95	13,263 78	105,202 18	1,190,547 68	35,089 93	16
49 00	2,206 84	337 46	57,357 62	57,378 85	27,548 69	91,316 42	2,578,727 10	63,650 10	490
17,539 34	6,647 47	4,012 09	45,490 21	73,599 00	36,848 45	228.055 43	3,625,563 92	34,888 34	3,466
43,010 01	23,397 50	5,965 50	50,570 90	39,947 96	40,117 82	140,909 61	1.919,926 65	190,345 83	34,613
//	32,243 41	838 40	7,835 54	18,801 29	16,310 26	26,830 40	973.131 70	3,671 20	303
45,095 00	12,702 00	9,690 00	1,977 00	8,398 00	7,081 00	41.722 00	1,196,828 00	78,422 00	67,768
890,051 00	98,371 00	8,787 00	51,550 00	74,123 00	78.443 00	807,952 00	5,439,232 00	167,790 00	179,307
2,582 00	13,456 50	6,805 01	11,681 00	40,522 00	24,931 13	31,160 00	1,870,071 13	141,127 00	//
1,885 48	3,060 25	2,912 51	13,873 80	36,043 00	11,709 96	12,190 59	681,267 80	149,047 67	2,270
//	8,738 36	5,901 97	11,537 13	41,675 00	42,199 73	30,609 26	2,106,623 45	58,101 15	//
1,237,784 97	60,158 25	5,722 51	49,791 29	31,050 30	121,202 61	163,371 75	4.168,693 07	117,349 15	1,050,122
28,895 67	20,799 00	3,355 78	30,080 72	40,250 00	30,441 16	57,924 56	2,381,341 06	35,310 49	87,806
39,753 65	43,735 42	20,254 09	51,578 96	125,307 80	34,878 16	187,169 60	3,071,787 75	308,555 58	//
4,013 00	22,985 35	1,643 00	84,034 32	64,545 37	20,485 84	197,118 65	2,409,486 54	31,292 50	10,532
290 00	4,139 50	918 80	28,584 20	35,339 00	27,071 71	66,399 52	2,590,948 55	109,816 72	1,553
51,255 00	28,734 00	3,036 00	151,388 00	53,270 00	33,406 00	217,187 00	3,679,520 00	111,575 00	67,715

es com

	EXTRAORDINAIRES.								TOTAL DES RECETTES tant ordinaires qu'extraordinaires.	oupes inaires bois.
	IMPOSITIONS pour dépenses extraordinaires. (Amortissement d'emprunts, acquisitions, etc.)		TAXES additionnelles à l'octroi.	EMPRUNTS ou portions d'emprunts réalisés en 1862.	DONS et legs.	RECETTES éventuelles diverses. (Remboursements de capitaux, etc.)	TOTAL des recettes extraordinaires.			
	Centimes.	Produit.								
	28	29	30	31	32	33	34		35	37
	fr. c.	fr. c.	fr. c.	fr. c.	fr. c.	fr. c.	fr. c.		fr. c.	fr. c.
0	〃	217,670 00	31,000 00	86,591 00	27,475 00	258,541 00	1,035,943 00		3,728,058 00	,588 87
8	〃	374,631 97	52,125 54	187,272 32	58,141 14	208,637 37	1,162,413 66		6,329,278 99	,551 66
0	〃	152,424 89	〃	〃	13,495 00	193,245 31	454,089 05		2,215,126 34	,657 71
6	〃	29,483 16	〃	500 00	4,770 91	18,440 14	80,439 47		1,048,449 27	,012 17
0	〃	31,139 00	〃	66,000 00	14,059 00	72,865 00	202,697 00		1,133,300 00	741 50
1	〃	56,703 08	〃	10,680 55	309,700 69	57,784 71	888,949 20		2,073,705 04	,407 00
0	〃	102,020 00	〃	300,058 00	3,760 00	239,656 00	670,143 00		2,327,412 00	〃
0	〃	125,104 00	6,245 00	191,618 00	20,642 09	174,042 00	970,311 00		4,574,473 00	693 08
0	〃	96,757 05	〃	10,000 00	9,088 30	127,176 31	291,925 47		1,445,160 07	,996 51
6	〃	226,573 69	172,732 32	129,000 00	1,943 05	222,145 24	1,246,771 08		4,223,564 04	7,599 00
3	〃	284,968 90	〃	701,449 70	8,790 00	104,128 77	1,241,801 91		3,506,365 33	6,003 00
0	〃	116,088 77	6,468 00	29,372 00	18,661 75	98,126 24	390,864 77		2,046,318 74	1,857 59
0	〃	384,088 00	1,155,068 00	24,030,756 00	1,021 00	1,582,418 00	34,558,352 00		45,796,417 00	〃
	〃	591,086 00	19,329 00	827,306 00	14,062 00	489,973 00	2,109,820 00		6,172,051 00	〃
0	〃	71,753 25	〃	41,274 15	9,020 30	63,586 64	220,740 27		1,411,287 95	4,959 15
0	〃	200,623 86	9,750 00	599,548 13	43,890 15	50,003 42	976,955 66		3,555,682 76	〃
5	〃	338,652 32	73,338 57	269,930 47	23,841 90	181,749 92	925,867 77		4,551,431 69	14,125 00
5	〃	90,584 59	111,701 33	471,672 45	102,342 38	96,883 13	1,107,143 66		3,027,070 31	2,275 00
0	〃	61,757 42	6,233 81	9,780 00	1,150 00	88,885 27	171,780 70		1,144,912 40	1,679 14
0	〃	18,535 00	〃	30,862 00	5,000 00	10,864 00	211,451 00		1,408,279 00	〃
0	〃	43,350 00	〃	95,341 00	56,007 00	59,119 00	600,014 00		6,040,146 00	264,380 00
	〃	115,078 00	17,000 00	126,811 00	23,470 00	141,990 00	565,476 00		2,435,547 13	146,933 00
0	〃	40,403 00	〃	41,300 00	1,946 28	64,230 91	299,197 86		980,465 66	〃
	〃	194,022 97	28,522 59	1,266,960 00	21,965 00	11,060 05	1,580,631 76		3,687,255 21	139,829 67
31	〃	6,633 20	〃	〃	28,046 98	204,090 91	1,406,243 05		5,574,936 12	301,475 00
50	〃	300,018 25	48,299 21	47,594 30	26,177 66	55,784 67	600,991 08		2,982,332 14	15 00
	〃	345,601 32	〃	357,209 00	16,334 00	377,999 83	1,405,690 73		4,477,487 48	226,255 21
35	〃	284,223 02	〃	157,947 59	113,972 46	67,376 08	665,344 50		3,074,831 04	33,318 00
00	〃	66,343 65	〃	100,305 00	30,443 63	152,690 90	461,152 90		3,052,101 45	101,515 00
00	〃	257,084 00	〃	128,446 00	20,650 00	225,311 00	810,781 00		4,490,301 00	13,128 86

munes·

RECETT

TAXES affouagè et de pâtu
18
fr
84,7
10,2
25,1
40,5
5,6
7,6
9
140,8
777,3
5,0
9,4
1,9
8,3
6,1
6
3,0
1,5
9
57,6
155,5
56,0
890,2
1,009,0
1,343,1
2
775,1
249,6
32,8
30,1

ÉTAT N° 1.

DÉPARTEMENTS.	POPULATION.	CINQ CENTIMES additionnels ordinaires.	ATTRIBUTIONS sur les patentes.	IMPOSITIONS pour insuffisance de revenus, dépenses obligatoires et facultatives.		PRODUIT brut de l'octroi
				Centimes.	Produit.	
1	2	3	4	5	6	7
		fr. c.	fr. c.	fr. c.	fr. c.	fr.
Orne	423,350	141,499 80	31,540 95	"	3,978 67	340,441
Pas-de-Calais	724,338	188,117 00	75,189 00	"	979,398 00	1,594,066
Puy-de-Dôme	576,409	144,579 95	30,355 91	"	105,244 00	467,408
Pyrénées (Basses-)	436,628	58,862 00	34,934 00	"	115,492 00	692,342
Pyrénées (Hautes-)	240,179	36,316 80	11,635 25	"	33,001 68	258,220
Pyrénées-Orientales	181,763	42,817 95	11,897 33	"	74,464 33	258,664
Rhin (Bas-)	577,574	124,305 00	56,939 00	"	149,281 00	755,195
Rhin (Haut-)	515,802	103,615 00	61,311 00	"	273,118 00	767,460
Rhône	662,493	172,255 00	202,295 00	"	273,872 00	6,275,314
Saône (Haute-)	317,183	89,201 00	19,808 00	"	13,804 00	198,325
Saône-et-Loire	582,137	172,420 29	36,771 64	"	43,804 22	534,415
Sarthe	466,155	136,308 30	34,151 71	"	120,233 21	388,642
Savoie	275·039	37,922 22	13,884 86	"	274,781 36	424,038
Savoie (Haute-)	267,496	31,178 73	8,963 80	"	200,391 01	249,208
Seine. (Arrond[ts] de Sceaux et de St-Denis.)	257,519	55,978 00	53,887 00	"	147,482 00	1,271,356
Seine-Inférieure	789,988	323,649 19	197,270 93	"	112,795 69	4,584,728
Seine-et-Marne	352,312	172,479 15	37,134 71	"	1,215,388 45	672,915
Seine-et-Oise	513,073	230,365 00	72,834 00	"	1,356,384 00	1,383,327
Sèvres (Deux-)	328,817	88,196 00	17,781 00	"	99,520 00	459,348
Somme	572,646	192,309 35	65,854 46	"	473,073 92	934,708
Tarn	353,633	98,770 00	16,457 00	"	144,475 00	480,073
Tarn-et-Garonne	232,551	95,780 23	13,862 31	"	101,670 17	342,85
Var	315,526	29,132 20	39,466 23	"	144,081 83	1,373,46
Vaucluse	268,255	62,002 73	29,490 37	"	63,440 41	713,54
Vendée	395,695	95,251 00	17,691 00	"	60,299 00	255,17
Vienne	322,028	76,700 90	22,841 74	"	71,193 17	465,40
Vienne (Haute-)	319,595	138,354 36	24,948 66	"	25,524 78	692,91
Vosges	415,485	75,410 99	31,232 53	"	28,163 58	226,42
Yonne	370,305	112,581 00	27,812 00	"	626,519 00	255,86
TOTAUX	35,686,084	9,659,330 31	3,477,535 90	"	10,432,825 19	72,656,15

Situation des com[illegible] en 1862. (Suite.)

MARCHÉS COMMUNAUX [illegible]

DÉPARTEMENTS.	[illegible]
[illegible]	[illegible]

	ORDINAIRES.									
	DROITS de location des places aux halles, marchés, abattoirs, et du pesage et mesurage.	INSTRUCTION PRIMAIRE.				CHEMINS VICINAUX.			FERMAGE des biens communaux.	COUPES ordinaires de bois.
		Impositions. (Centimes spéciaux.)		Produit de la rétribution scolaire.	Chiffre de la subvention accordée par l'État ou le département.	Impositions. (Centimes spéciaux.)		Prestations. (Évaluations en argent.)		
		Centimes.	Produit.			Centimes.	Produit.			
	8	9	10	11	12	13	14	15	16	17
	fr. c.	fr. c.	fr. c.	fr. c.	fr. c.	fr. c.	fr. c.	fr. c.	fr. c.	fr. c.
94	256,034 19	〃	92,714 34	208,606 64	29,947 77		178,557 72	536,533 25	39,912 51	〃
00	313,255 00	〃	153,945 00	297,363 00	177,801 00	〃	254,489 00	926,484 00	262,273 00	12,584 00
40	259,191 96	〃	97,241 26	155,067 74	44,300 56	〃	176,379 47	673,764 05	102,426 47	22,090 40
00	177,515 00	〃	51,215 00	138,787 00	140,875 00	〃	93,895 00	500,446 00	180,342 00	217,248 00
22	81,469 10	〃	24,764 02	96,115 34	123,951 44	〃	48,016 80	294,652 30	126,308 07	289,321 49
01	81,570 29	〃	29,880 68	84,626 50	19,270 20	〃	53,046 29	126,045 00	68,594 98	26,990 00
00	264,714 00	〃	76,207 00	273,341 00	85,112 00	〃	148,472 00	817,332 00	1,277,993 00	2,345,176 00
00	227,248 00	〃	66,091 00	177,081 00	31,327 00	〃	120,462 00	501,218 00	628,137 00	2,208,298 00
00	402,168 00	〃	197,760 00	110,778 00	33,992 00	〃	334,897 00	428,194 00	371,872 00	〃
00	40,680 00	〃	44,629 00	141,451 00	9,635 00	〃	103,447 00	508,134 00	430,376 00	112,079 00
80	130,539 10	〃	112,744 46	285,329 26	29,983 02	〃	213,781 55	1,101,513 32	377,819 55	36,891 74
16	195,429 64	〃	96,856 64	207,581 36	44,858 34	〃	173,392 34	512,358 70	19,204 56	〃
28	34,265 19	〃	28,303 10	66,344 05	53,739 50	〃	48,264 21	370,417 67	283,995 45	16,089 34
40	10,317 17	〃	24,178 40	96,920 33	88,802 64	〃	40,292 25	424,758 70	161,557 52	6,682 11
00	22,364 00	〃	62,840 00	17,444 00	〃	〃	101,950 00	110,117 00	35,423 00	〃
24	833,480 55	〃	250,944 96	362,846 25	109,872 76	〃	513,278 33	1,134,163 44	402,266 03	9,656 67
52	237,547 67	〃	126,482 35	340,195 21	39,931 24	〃	213,215 13	894,444 55	97,117 05	12,000 00
00	472,873 00	〃	150,493 00	508,488 00	63,728 00	〃	270,874 00	955,967 00	86,010 00	4,003 00
00	69,641 00	〃	64,281 00	181,022 00	52,430 00	〃	103,927 00	598.993 00	28,217 00	230 00
03	320.267 18	〃	154,968 52	336,145 22	103,802 38	〃	267,161 71	826,251 20	95,474 91	〃
00	94,232 00	〃	70,947 00	172,513 00	78,637 00	〃	119,437 00	404,029 00	32,023 00	42,864 00
40	78,347 08	〃	52,364 43	120,964 91	11,678 66	〃	169,458 81	327,362 96	21,317 54	1,857 50
28	131,958 83	〃	58,138 90	120,959 52	17,000 98	〃	110,048 67	112,135 53	133,108 24	152,199 57
56	169,681 76	〃	52,545 42	62,902 22	23,445 94	〃	93,427 78	326,696 58	63,961 64	85,109 80
00	113,948 00	〃	63,912 00	166,063 00	90,256 00	〃	115,453 00	645,617 00	64,706 00	2,639 00
27	123,656 72	〃	57,951 08	144,252 69	51,900 19	〃	101,772 83	565,347 09	23,299 75	〃
30	87,715 06	〃	48,210 75	91,216 00	41,944 27	〃	81,547 99	413,120 67	11,264 25	4 70
23	75,313 61	〃	42,805 27	223,337 98	48,538 81	〃	101,306 04	659,861 69	470,685 24	630,912 08
00	129,002 00	〃	74,970 00	381,988 00	2,934 00	〃	143,605 00	822,838 00	164,869 00	126,324 00
42	15,550,219 33	〃	7,043,377 34	16,703,580 24	4,832,312 76	〃	12,602,438 75	48,922,659 86	15,005,343 59	10,849,494 86

munes en

RECETT

TAXES affouagèr et de pâtur 18
fr.
2,48
134,73
17,18
169,30
117,59
38,36
720,32
553,54
"
1,536,82
267,14
39
71,42
59,81
3,09
53,96
30,06
3,06
67
136,64
15,53
61
31,31
22,81
90,62
7,24
"
1,077,75
302,60
15,054,21

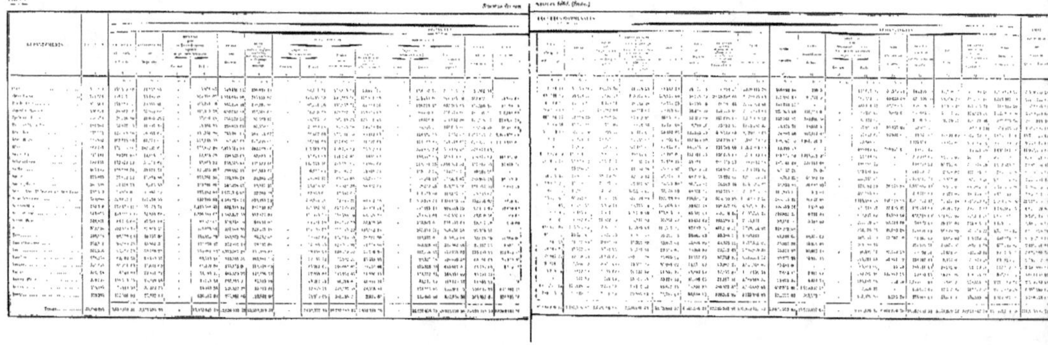

ÉTAT N° 2.

DÉPENSES COMMUNALES.

DÉPENSES

RES.

riel. — etien glises ytères, mobilier.	INSTRUCTION PUBLIQUE. Colléges, écoles et salles d'asile. — Traitements.	Entretien des bâtiments et du mobilier.	CHEMINS VICINAUX.
)	11	12	13
fr. c.	fr. c.	fr. c.	fr. c.
96 00	465,442 00	93,090 00	824,174 00
08 20	950,634 15	109,321 55	1,584,847 93
34 30	46,980 64	8,730 20	129,099 18
21 88	258,417 03	10,347 48	317,141 35
71 00	213,156 00	9,694 00	242,638 00
35 45	209,818 88	12,655 36	239,618 10
67 00	336,686 00	43,373 00	443,383 00
99 00	590,774 00	66,270 00	1,108,830 02
54 95	278,706 10	7,164 80	366,451 10
66 74	422,334 74	34,795 05	934,362 18
43 17	350,577 72	9,614 48	506,086 56
04 97	420,190 83	37,669 11	583,224 79
20 00	420,291 00	556,904 00	859,228 00
12 00	740,677 00	97,185 00	892,808 00
39 95	275,730 12	12,174 87	373,622 41
27 62	335,249 01	36,922 34	1,007,743 47
51 45	522,386 56	58,032 22	1,219,047 51
24 85	283,064 84	51,423 56	600,081 61
06 30	255,384 76	7,284 56	387,687 79
16 00	349,075 00	50,251 00	270,044 00
57 00	711,890 00	88,524 00	1,061,378 00
50 00	363,478 00	39,955 00	795,014 00
71 95	56,169 57	6,193 19	447,700 57
79 83	405,061 64	45,497 86	924,219 14
34 08	565,829 71	69,544 44	566,403 77
37 71	477,825 30	15,874 60	550,919 91
20 92	447,073 52	58,890 24	1,186,397 15
08 28	466,264 07	58,741 78	607,036 36
28 83	259,659 12	57,914 23	605,650 80
76 00	751,902 00	33,142 00	574,856 00

des communes en 1862.

COMMUNALES

PENSIONS de retraite et secours.	CONTRIBUTIONS des propriétés communales.	DÉPENSES diverses.	TOTAL des dépenses ordinaires.	EXTRAORDINAIRES. TRAVAUX PUBLICS ET ACQUISITIONS D'IMMEUBLES pour le culte.	pour l'instruction publique.	Chemins vicinaux.	pour divers services.	ACQUISITIONS de rentes.	REM cap
14	15	16	17	18	19	20	21	22	
fr. c.	fr. c.	fr. c.	fr. c.	fr. c.	fr. c.	fr. c.	fr. c.	fr. c.	
9,401 00	170,310 00	82,896 00	2,500,159 00	288,002 00	90,861 00	//	334,079 00	1,632 00	
7,108 28	66,731 93	401,798 61	4,737,947 74	117,938 09	223,032 03	166,757 87	246,078 23	17,765 55	2,
//	692 14	20,502 41	291,649 50	65,281 87	12,258 89	22,332 41	11,848 98	1,197 60	
650 54	58,496 97	93,152 85	1,018,441 45	43,664 24	8,223 00	6,428 91	28,801 47	24,276 10	20,
//	95,210 00	159,847 00	950,169 00	153,017 00	10,647 00	23,199 00	40,073 00	15,881 00	
34,395 31	33,493 47	367,336 35	1,630,749 22	121,483 45	141,847 23	157,776 48	743,240 37	128,072 51	
11,380 00	19,192 00	110,454 00	1,480,950 00	186,905 00	80,646 00	8,865 00	648,020 00	2,040 00	2
5,670 00	151,915 00	305,437 00	3,331,506 00	341,045 00	416,158 00	151,311 00	190,022 00	69,397 00	
972 12	41,963 76	104,194 57	1,095,727 52	144,394 63	37,818 18	85.453 10	77,568 08	17,331 86	
13,045 56	165,998 49	356,405 28	2,981,060 99	281,425 69	149,037 07	238,441 73	262,630 40	122,147 07	3
34,849 00	64,800 07	228,510 13	2,016,836 94	50,687 27	23,676 93	//	402,789 56	//	32
3,445 00	•23,571 43	104,700 03	1.039,146 66	114,558 30	28,047 23	49,276 20	78,521 62	20,161 80	
27,974 00	20,435 00	392,794 00	8,572,282 00	498,288 00	155,431 00	57,309 00	29,003,540 00	28,413 00	
47,146 00	20,641 00	108,153 00	3,840,047 00	370,811 00	276,765 00	91,551 00	736,509 00	87,318 00	
859 00	97,310 79	69,789 05	1,150,292 66	69,043 73	34,582 04	24,186 34	38,511 21	5,992 35	
9,028 50	5,775 89	156,577 78	2,420,811 00	145,174 23	95,516 14	76,947 56	182,577 52	14,048 75	[illegible]
12,715 65	21,947 60	356,056 71	3,413,885 71	322,425 69	168,502 65	59,364 62	161,643 09	702 00	
7,286 48	22,905 23	171,004 31	2,005,983 02	211,933 80	130,460 60	164,884 53	306,680 29	11,005 87	
150 00	586 19	69,090 87	930,860 38	107,638 41	19,594 09	24,940 55	29,033 10	550 00	1
1,920 00	19,319 00	20,877 00	1,076,612 00	40,577 00	41,725 00	29,470 00	70,606 00	12,930 00	1
1,600 00	296,622 00	436,446 00	5,283,778 00	772,992 00	328,657 00	615,209 00	503,684 00	21,210 00	6
27,704 00	6,750 00	44,206 00	1,823,860 00	262,542 00	220,270 00	26,076 00	104,262 00	2,246 00	
300 00	4,608 59	99,229 36	781,972 80	67,388 98	54,410 33	63,800 22	96,105 40	3,331 10	
8 30	4,378 62	43,204 80	1,943,697 40	80,299 02	33,950 16	51,068 74	470,811 12	18,731 72	
10,823 12	447,917 61	621,459 25	3,763,260 70	581,641 31	126,913 34	194,346 72	593,822 52	29,035 05	1
5.574 70	38,228 42	229,590 12	2,205,755 68	133,167 07	65,148 17	149,913 99	239,309 04	16,152 70	
5,594 40	22,635 14	113,959 98	2,919,260 83	414,473 52	231,738 56	71,136 57	241,263 59	62,790 18	
5,886 28	5,402 62	382,691 02	2,384,750 81	114,407 85	136,791 88	54,055 18	253,263 44	6.560 61	
6,548 00	7,703 36	162,573 43	2,107,321 86	125,200 75	127,709 75	23,983 28	352,793 95	11,033 83	
10,641 00	85,652 00	337,570 00	3,136,546 00	376,993 00	89,663 00	4,605 00	183,339 00	5,000 00	1

Situation financière des communes en 1862.

DÉPENSES COMMUNALES

…PLOIS de …itaux. 23	Intérêts et amortissement d'emprunts. 24	Dépenses diverses extraordinaires. 25	Total des dépenses extraordinaires. 26	TOTAL DES DÉPENSES tant ordinaires qu'extraordinaires. 27
fr. c.	fr. c.	fr. c.	fr. c.	fr. c.
//	155,060 00	126,315 00	995,949 00	3,496,108 00
.499 40	273,284 85	505,571 95	1,552,928 87	6,290,876 61
//	20,829 74	27,920 88	161,670 37	453,319 87
,600 00	23,785 37	59,540 56	215,319 65	1,233,761 10
//	28,109 00	64,355 00	335,371 00	1,285,540 00
//	1,048,794 52	88,842 47	2,430,960 03	4,061,715 25
,680 00	223,373 00	36,558 00	1,189,087 00	2,670,037 00
547 00	60,172 00	320,724 00	1,558,376 00	4,889,882 00
//	36,494 22	54,307 88	453,368 64	1,549,096 16
,489 50	152,461 29	282,932 18	1,492,564 93	4,473,625 92
,000 00	90,542 92	73,002 74	672,699 42	2,689,536 36
696 00	90,404 68	104,049 47	485,714 30	2,124,860 96
141 00	5,380,759 00	5,055,347 00	40,179,228 00	48,751,510 00
//	458,374 00	118,021 00	2,139,349 00	5,979,396 90
//	17,623 48	71,301 84	261,240 99	1,411,533 65
,928 00	329,182 94	60,049 50	905,424 34	3,320,235 34
//	374,661 50	266,153 67	1,353,453 22	4,767,338 93
558 93	176,991 68	347,190 61	1,349,706 31	3,355,689 33
,135 20	6,970 81	55,381 15	255,243 31	1,186,103 09
,000 00	48,247 00	49,022 00	303,586 00	1,380,198 00
,221 00	330,363 00	238,935 00	2,877,271 00	8,161,049 00
//	82,569 00	37,343 00	735,308 00	2,559,168 00
1,990 70	13,688 16	49,657 04	350,371 93	1,132,344 73
124 80	320,087 19	294,516 58	1,269,589 33	3,213,286 73
,883 00	118,131 14	379,405 50	1,944,178 59	5,707,439 29
328 15	123,410 50	101,172 59	828,602 21	3,034,357 89
571 21	230,571 91	400,126 14	1,652,671 68	4,571,932 51
1,510 80	160,732 93	86,377 98	814,600 67	3,199,351 48
//	154,980 91	236,913 77	1,032,706 24	3,140,028 10
2,650 00	401,154 00	88,430 00	1,161,834 00	4,298,380 00

DÉPENSES

…IRES.

…riel. — …etien …glises …ytères, …at …bilier.	INSTRUCTION PUBLIQUE. Collèges, écoles et salles d'asile. — Traitements. 11	Entretien des bâtiments et du mobilier. 12	CHEMINS VICINAUX. 13
fr. c.	fr. c.	fr. c.	fr. c.
59 32	488,538 84	37,003 63	825,246 11
54 57	325,028 30	8,860 04	702,457 90
36 30	555,111 45	372,068 72	1,446,687 47
55 91	529,518 14	53,235 39	790,147 48
36 84	374,936 33	40,603 59	886,472 07
14 00	213,011 00	53,189 00	495,795 00
39 53	368,672 50	36,211 72	759,729 70
22 69	693,642 40	138,896 48	809,105 18
35 16	602,777 36	21,199 30	675,314 98
07 00	202,281 00	16,907 00	473,964 00
7 00	286,598 00	23,837 00	722,384 00
5 64	388,500 43	44,182 69	704,026 65
5 27	229,932 14	10,906 00	330,162 92
0 00	329,103 70	27,204 75	886,846 82
0 60	475,720 50	46,602 16	735,561 42
4 68	242,838 74	17,578 83	445,874 46
1 00	205,575 00	18,371 00	839,979 00
00	186,967 00	13,442 00	151,132 00
53	480,039 12	91,150 04	974,812 41
00	696,167 00	41,653 00	993,522 00
00	770,253 00	110,185 00	1,122,137 00
00	499,766 00	37,090 00	736,513 00
00	308,102 00	31,171 00	561,924 00
61	777,833 32	86,765 48	783,358 98
00	621,756 00	78,959 00	739,531 00
49	208,601 60	34,077 86	469,038 12
57	703,130 30	88,310 93	779,391 82
00	347,375 00	72,567 00	535,740 00
00	1,649,926 00	321,721 00	1,606,242 00
16	855,326 63	83,456 00	1,312,367 69

des communes en 1862.

COMMUNALES

PENSIONS de retraite et secours. 14	CONTRIBUTIONS des propriétés communales. 15	DÉPENSES diverses. 16	dépens
fr. c.	fr. c.	fr. c.	
20,969 98	74,457 67	401,254 32	3,7
1,996 07	13,307 78	148,304 32	1,5
79,384 00	71,267 00	371,520 95	6,3
8,987 80	67,919 63	369,786 11	3,5
5,225 25	13,174 25	124,495 70	2,4
//	16,154 00	55,211 00	1,5
2,235 00	27,491 00	158,677 30	2,2
11,507 46	131,288 20	366,023 56	3,0
1,240 00	284,232 57	405,093 02	2,7
21,294 00	41,588 00	365,947 00	1,5
3,650 00	6,183 00	152,098 00	1,7
5,273 75	9,224 02	414,067 87	3,0
4,765 75	6,874 34	173,660 44	1,1
16,176 00	13,214 02	310,159 39	3,5
4,807 70	8,292 01	229,670 48	2,4
1,170 16	5,913 94	130,640 29	1,1
//	8,442 00	168,740 00	1,8
//	1,253 00	6,843 00	5
3,670 44	35,136 24	358,862 41	3,1
10,311 00	79,664 00	225,733 00	3,2
10,229 00	118,244 00	334,154 00	4,4
1,644 00	316,958 00	353,539 00	2,6
3,842 00	2,809 00	92,701 00	1,4
21,402 67	340,622 90	586,996 79	4,0
16,428 00	412,509 00	312,970 00	3,8
5,056 31	12,675 23	44,446 70	1,3
7,154 32	335,862 58	699,233 82	3,8
16,000 00	12,724 00	180,416 00	2,2
34,230 00	50,386 00	914,579 00	9,5
5,604 50	37,319 41	441,357 32	4,6

ÉTAT N° 2.

DÉPARTEMENTS. 1	FRAIS D'ADMINISTRATION. Personnel. — Salaires des différents employés et agents municipaux, à l'exception des commissaires et agents de police. 2	FRAIS D'ADMINISTRATION. Matériel. — Frais de bureau, fournitures diverses, entretien du mobilier. 3	EN… DES CO… Mairie… pavés… délirag… voirie
	fr. c.	fr. c.	
Orne	175,541 97	64,602 05	12
Pas-de-Calais	526,257 00	112,079 00	51
Puy-de-Dôme	144,614 02	62,205 56	1(
Pyrénées (Basses-)	288,000 00	71,891 00	3:
Pyrénées (Hautes-)	136,323 18	34,564 93	11
Pyrénées-Orientales	106,608 60	21,163 07	5
Rhin (Bas-)	391,825 00	229,533 00	61
Rhin (Haut-)	502,505 00	151,622 00	46
Rhône	478,196 00	246,622 00	1,41
Saône (Haute-)	343,641 00	99,320 00	62
Saône-et-Loire	336,777 54	87,624 53	21
Sarthe	212,873 10	56,839 76	16
Savoie	193,923 92	88,574 76	5
Savoie (Haute-)	169,742 15	52,340 38	6
Seine. (Arr[ts] de Sceaux et St-Denis)	216,972 00	63,633 00	45
Seine-Inférieure	712,210 32	200,787 02	0(
Seine-et-Marne	315,149 48	42,186 18	51
Seine-et-Oise	643,344 00	127,088 00	75
Sèvres (Deux-)	72,950 00	76,482 00	10
Somme	393,402 08	45,564 44	30
Tarn	158,902 00	49,851 00	8
Tarn-et-Garonne	133,142 65	35,920 74	7
Var	263,235 68	48,385 30	24
Vaucluse	194,046 17	49,848 43	23
Vendée	177,651 00	60,531 00	9
Vienne	139,331 09	48,107 63	14
Vienne (Haute-)	82,932 92	22,875 00	13
Vosges	334,626 09	89,978 78	18
Yonne	265,612 00	71,475 00	24
TOTAUX	21,651,404 00	7,483,254 38	24,58

Situation financière des communes en 1862.

DÉPENSES COMMUNALES

Situation financière

DÉPENSES

ORDINAIRES.

…TRETIEN …IMMEUBLES …MUNAUX. — …s, marchés, …, horloges, …ntaines, …ge, balayage et … municipale.	POLICE. — Salaire des commissaires, agents de police, gardes champêtres et gardes forestiers.	FRAIS d'administration de l'octroi.	SECOURS PUBLICS. — Subvention aux hospices bureaux de bienfaisance, enfants assistés, sociétés de secours mutuels.	GARDE NATIONALE, POMPIERS. — Entretien, des corps de garde, achat de mobilier, etc.	CULTES. Personnel. — Traitement des ministres.	CULTES. Matériel. — Entretien des églises et presbytères, achat de mobilier.	INSTRUCTION PUBLIQUE. Colléges, écoles et salles d'asile. — Traitements.	INSTRUCTION PUBLIQUE. Entretien des bâtiments et du mobilier.	CHEMINS VICINAUX.
4	5	6	7	8	9	10	11	12	13
fr. c.	fr. c.	fr. c.	fr. c.	fr. c.	fr. c.	fr. c.	fr. c.	fr. c.	fr. c.
…4,874 17	63,764 58	71,929 94	64,076 03	9,869 75	4,924 15	9,350 67	428,978 40	47,663 75	748,578 90
…0,093 00	398,592 00	200,729 00	440,909 00	72,420 00	116,048 00	145,117 00	913,707 00	167,258 00	1,354,261 00
…3,847 95	166,955 80	88,221 85	55,105 05	47,003 11	54,723 76	16,582 02	344,243 70	36,564 59	940,660 84
…6,700 00	142,044 00	82,784 00	88,933 00	31,395 00	102,625 00	73,050 00	431,114 00	51,158 00	575,585 00
…1,630 75	114,556 41	23,203 47	51,693 98	3,272 70	57,156 85	35,236 34	333,661 00	21,065 13	367,001 86
…2,792 28	75,169 92	31,799 00	26,111 66	2,672 20	16,519 35	9,036 17	170,396 77	14,215 10	170,212 38
…1,698 00	492,919 00	88,570 00	142,284 00	36,242 00	171,230 00	119,409 00	1,106,172 09	110,330 00	1,310,343 00
…5,952 00	466,798 00	78,264 00	213,506 00	44,436 00	162,708 00	144,001 00	880,513 00	131,100 00	765,090 00
…9,993 00	366,887 00	883,230 00	528,310 00	210,986 00	17,833 00	46,475 00	820,754 00	23,661 00	762,454 00
…8,226 00	326,380 00	34,914 00	71,173 00	19,385 00	84,161 00	41,666 00	608,274 00	30,921 00	656,183 00
…4,336 15	209,954 13	83,879 43	120,423 75	33,883 34	23,438 05	28,129 67	611,819 27	75,255 98	1,366,449 19
…6,792 30	92,955 11	74,613 91	101,193 61	20,020 83	17,485 00	18,061 04	302,325 42	26,148 87	763,626 74
…6,508 52	151,070 35	59,023 16	28,785 07	7,966 16	26,043 62	27,435 51	331,580 11	20,322 26	351,546 71
…6,690 24	155,323 13	39,264 52	40,340 07	16,699 66	42,260 19	20,230 83	387,058 49	25,146 89	513,523 23
…5,196 00	140,434 00	205,131 00	130,724 00	56,033 00	18,433 00	6,985 00	133,392 00	56,530 00	306,142 00
…8,997 52	534,677 50	695,089 43	1,443,405 95	209,133 82	76,408 24	55,064 64	869,576 00	376,110 51	1,652,642 87
…2,974 74	357,101 51	82,601 73	150,492 15	80,321 20	68,863 32	161,540 93	723,691 04	75,100 78	1,328,117 62
…0,890 00	433,731 00	238,163 00	314,126 00	61,253 00	97,241 00	169,765 00	882,145 00	147,690 00	1,713,827 00
…6,344 00	118,679 00	93,574 00	219,876 00	48,878 00	34,680 00	32,913 00	329,195 00	43,562 00	715,830 00
…9,027 78	394,019 61	139,837 10	188,943 16	55,775 94	111,285 50	22,019 18	845,435 14	50,286 76	1,221,551 78
…4,081 00	116,145 00	56,755 00	128,114 00	21,872 00	63,328 00	22,664 00	409,467 00	33,366 00	531,232 00
…8,013 54	101,984 60	35,080 00	69,345 19	23,816 00	44,334 00	19,772 77	256,279 48	19,797 78	433,109 33
…2,706 57	203,652 00	182,965 89	347,557 24	9,019 92	49,059 37	19,752 62	481,850 08	22,698 40	282,484 44
…0,460 43	152,068 65	45,231 12	118,789 30	37,247 10	51,161 91	17,142 82	273,503 36	35,991 42	445,142 32
…3,404 00	80,285 00	34,300 00	87,693 00	6,783 00	14,614 00	4,317 00	334,510 00	37,405 00	797,737 00
…2,839 77	108,366 95	94,559 77	102,437 82	14,224 50	27,139 95	14,428 10	305,307 37	26,124 23	584,791 99
…2,099 98	116,796 12	95,261 86	140,354 06	24,904 81	3,450 00	13,736 30	201,027 03	22,305 88	561,025 12
…5,783 85	335,700 62	30,760 46	95,261 22	31,120 41	23,165 75	42,960 55	655,900 63	64,684 81	861,533 85
…8,843 00	297,392 00	36,388 00	97,356 00	46,190 00	61,647 00	41,488 00	678,913 00	62,183 00	1,046,346 00
…8,784 50	17,896,848 36	10,055,695 69	15,745,877 15	3,164,873 76	4,452,908 69	3,513,864 45	42,192,556 58	5,707,238 73	66,693,691 12

des communes en 1862.

COMMUNALES

PENSIONS de retraite et secours. 14	CONTRIBUTIONS des propriétés communales. 15	DÉPENSES diverses. 16	dépens
fr. c.	fr. c.	fr. c.	
5,499 93	8,393 56	96,952 34	1,9
40,621 00	62,611 00	290,011 00	5,3
5,799 01	22,696 45	149,897 77	2,3
10,691 00	101,525 00	263,421 00	2,6
2,440 00	59,657 44	193,466 84	1,3
2,310 00	31,819 12	127,060 40	8
27,787 00	413,894 00	2,097,699 00	7,3
17,341 00	549,282 00	1,191,789 00	5,7
38,547 00	20,639 00	671,504 00	6,5
11,506 00	412,172 00	128,317 00	3,4
4,711 00	168,688 20	195,597 11	3,5
10,735 00	5,437 89	151,128 59	2,1
300 00	28,810 83	121,138 54	1,4
2,050 00	13,253 98	189,089 06	1,7
4,444 00	1,917 00	174,351 00	1,9
50,516 78	65,957 52	567,678 79	8,5
6,938 15	31,609 80	324,196 48	4,2
11,010 00	20,172 00	727,977 00	6,3
//	13,071 00	254,656 00	2,1
14,069 80	69,613 78	472,948 36	4.3
9,087 00	25,844 00	20,011 00	1,7
2,725 67	4,396 92	39,721 21	1,2
33,389 00	56,801 35	316,342 39	2,5
4,483 00	30,832 12	206,505 83	1,8
2,446 00	37,096 00	41,084 00	1,8
5,401 50	5,292 27	86,716 36	1,7
9,050 00	3,331 54	176,036 70	1,6
7,475 38	323,060 61	839,324 51	3,9
3,485 00	174,307 00	316,675 00	3,4
971,791 81	7,356,571 15	25,479,588 23	256,9

Situation financière des communes en 1890.

DÉPARTEMENTS	1	2	3	4	5	6	7	8	9	10	11	12	13	14	15	16	17	18	19	20	21	22	23	24	25	26
Orne	[illegible]	[illegible]	[illegible]	[illegible]	[illegible]	[illegible]	[illegible]	[illegible]	[illegible]	[illegible]	[illegible]	[illegible]	[illegible]	[illegible]	[illegible]	[illegible]	[illegible]	[illegible]	[illegible]	[illegible]	[illegible]	[illegible]	[illegible]	[illegible]	[illegible]	[illegible]
Pas-de-Calais	[illegible]	[illegible]	[illegible]	[illegible]	[illegible]	[illegible]	[illegible]	[illegible]	[illegible]	[illegible]	[illegible]	[illegible]	[illegible]	[illegible]	[illegible]	[illegible]	[illegible]	[illegible]	[illegible]	[illegible]	[illegible]	[illegible]	[illegible]	[illegible]	[illegible]	[illegible]
Puy-de-Dôme	[illegible]	[illegible]	[illegible]	[illegible]	[illegible]	[illegible]	[illegible]	[illegible]	[illegible]	[illegible]	[illegible]	[illegible]	[illegible]	[illegible]	[illegible]	[illegible]	[illegible]	[illegible]	[illegible]	[illegible]	[illegible]	[illegible]	[illegible]	[illegible]	[illegible]	[illegible]
Pyrénées (Basses-)	[illegible]	[illegible]	[illegible]	[illegible]	[illegible]	[illegible]	[illegible]	[illegible]	[illegible]	[illegible]	[illegible]	[illegible]	[illegible]	[illegible]	[illegible]	[illegible]	[illegible]	[illegible]	[illegible]	[illegible]	[illegible]	[illegible]	[illegible]	[illegible]	[illegible]	[illegible]
Pyrénées (Hautes-)	[illegible]	[illegible]	[illegible]	[illegible]	[illegible]	[illegible]	[illegible]	[illegible]	[illegible]	[illegible]	[illegible]	[illegible]	[illegible]	[illegible]	[illegible]	[illegible]	[illegible]	[illegible]	[illegible]	[illegible]	[illegible]	[illegible]	[illegible]	[illegible]	[illegible]	[illegible]
Pyrénées-Orientales	[illegible]	[illegible]	[illegible]	[illegible]	[illegible]	[illegible]	[illegible]	[illegible]	[illegible]	[illegible]	[illegible]	[illegible]	[illegible]	[illegible]	[illegible]	[illegible]	[illegible]	[illegible]	[illegible]	[illegible]	[illegible]	[illegible]	[illegible]	[illegible]	[illegible]	[illegible]
Rhin (Bas-)	[illegible]	[illegible]	[illegible]	[illegible]	[illegible]	[illegible]	[illegible]	[illegible]	[illegible]	[illegible]	[illegible]	[illegible]	[illegible]	[illegible]	[illegible]	[illegible]	[illegible]	[illegible]	[illegible]	[illegible]	[illegible]	[illegible]	[illegible]	[illegible]	[illegible]	[illegible]
Rhin (Haut-)	[illegible]	[illegible]	[illegible]	[illegible]	[illegible]	[illegible]	[illegible]	[illegible]	[illegible]	[illegible]	[illegible]	[illegible]	[illegible]	[illegible]	[illegible]	[illegible]	[illegible]	[illegible]	[illegible]	[illegible]	[illegible]	[illegible]	[illegible]	[illegible]	[illegible]	[illegible]
Rhône	[illegible]	[illegible]	[illegible]	[illegible]	[illegible]	[illegible]	[illegible]	[illegible]	[illegible]	[illegible]	[illegible]	[illegible]	[illegible]	[illegible]	[illegible]	[illegible]	[illegible]	[illegible]	[illegible]	[illegible]	[illegible]	[illegible]	[illegible]	[illegible]	[illegible]	[illegible]
Saône (Haute-)	[illegible]	[illegible]	[illegible]	[illegible]	[illegible]	[illegible]	[illegible]	[illegible]	[illegible]	[illegible]	[illegible]	[illegible]	[illegible]	[illegible]	[illegible]	[illegible]	[illegible]	[illegible]	[illegible]	[illegible]	[illegible]	[illegible]	[illegible]	[illegible]	[illegible]	[illegible]
Saône-et-Loire	[illegible]	[illegible]	[illegible]	[illegible]	[illegible]	[illegible]	[illegible]	[illegible]	[illegible]	[illegible]	[illegible]	[illegible]	[illegible]	[illegible]	[illegible]	[illegible]	[illegible]	[illegible]	[illegible]	[illegible]	[illegible]	[illegible]	[illegible]	[illegible]	[illegible]	[illegible]
Sarthe	[illegible]	[illegible]	[illegible]	[illegible]	[illegible]	[illegible]	[illegible]	[illegible]	[illegible]	[illegible]	[illegible]	[illegible]	[illegible]	[illegible]	[illegible]	[illegible]	[illegible]	[illegible]	[illegible]	[illegible]	[illegible]	[illegible]	[illegible]	[illegible]	[illegible]	[illegible]
Savoie	[illegible]	[illegible]	[illegible]	[illegible]	[illegible]	[illegible]	[illegible]	[illegible]	[illegible]	[illegible]	[illegible]	[illegible]	[illegible]	[illegible]	[illegible]	[illegible]	[illegible]	[illegible]	[illegible]	[illegible]	[illegible]	[illegible]	[illegible]	[illegible]	[illegible]	[illegible]
Savoie (Haute-)	[illegible]	[illegible]	[illegible]	[illegible]	[illegible]	[illegible]	[illegible]	[illegible]	[illegible]	[illegible]	[illegible]	[illegible]	[illegible]	[illegible]	[illegible]	[illegible]	[illegible]	[illegible]	[illegible]	[illegible]	[illegible]	[illegible]	[illegible]	[illegible]	[illegible]	[illegible]
Seine (Arr^ts de Sceaux et St-Denis)	[illegible]	[illegible]	[illegible]	[illegible]	[illegible]	[illegible]	[illegible]	[illegible]	[illegible]	[illegible]	[illegible]	[illegible]	[illegible]	[illegible]	[illegible]	[illegible]	[illegible]	[illegible]	[illegible]	[illegible]	[illegible]	[illegible]	[illegible]	[illegible]	[illegible]	[illegible]
Seine-Inférieure	[illegible]	[illegible]	[illegible]	[illegible]	[illegible]	[illegible]	[illegible]	[illegible]	[illegible]	[illegible]	[illegible]	[illegible]	[illegible]	[illegible]	[illegible]	[illegible]	[illegible]	[illegible]	[illegible]	[illegible]	[illegible]	[illegible]	[illegible]	[illegible]	[illegible]	[illegible]
Seine-et-Marne	[illegible]	[illegible]	[illegible]	[illegible]	[illegible]	[illegible]	[illegible]	[illegible]	[illegible]	[illegible]	[illegible]	[illegible]	[illegible]	[illegible]	[illegible]	[illegible]	[illegible]	[illegible]	[illegible]	[illegible]	[illegible]	[illegible]	[illegible]	[illegible]	[illegible]	[illegible]
Seine-et-Oise	[illegible]	[illegible]	[illegible]	[illegible]	[illegible]	[illegible]	[illegible]	[illegible]	[illegible]	[illegible]	[illegible]	[illegible]	[illegible]	[illegible]	[illegible]	[illegible]	[illegible]	[illegible]	[illegible]	[illegible]	[illegible]	[illegible]	[illegible]	[illegible]	[illegible]	[illegible]
Sèvres (Deux-)	[illegible]	[illegible]	[illegible]	[illegible]	[illegible]	[illegible]	[illegible]	[illegible]	[illegible]	[illegible]	[illegible]	[illegible]	[illegible]	[illegible]	[illegible]	[illegible]	[illegible]	[illegible]	[illegible]	[illegible]	[illegible]	[illegible]	[illegible]	[illegible]	[illegible]	[illegible]
Somme	[illegible]	[illegible]	[illegible]	[illegible]	[illegible]	[illegible]	[illegible]	[illegible]	[illegible]	[illegible]	[illegible]	[illegible]	[illegible]	[illegible]	[illegible]	[illegible]	[illegible]	[illegible]	[illegible]	[illegible]	[illegible]	[illegible]	[illegible]	[illegible]	[illegible]	[illegible]
Tarn	[illegible]	[illegible]	[illegible]	[illegible]	[illegible]	[illegible]	[illegible]	[illegible]	[illegible]	[illegible]	[illegible]	[illegible]	[illegible]	[illegible]	[illegible]	[illegible]	[illegible]	[illegible]	[illegible]	[illegible]	[illegible]	[illegible]	[illegible]	[illegible]	[illegible]	[illegible]
Tarn-et-Garonne	[illegible]	[illegible]	[illegible]	[illegible]	[illegible]	[illegible]	[illegible]	[illegible]	[illegible]	[illegible]	[illegible]	[illegible]	[illegible]	[illegible]	[illegible]	[illegible]	[illegible]	[illegible]	[illegible]	[illegible]	[illegible]	[illegible]	[illegible]	[illegible]	[illegible]	[illegible]
Var	[illegible]	[illegible]	[illegible]	[illegible]	[illegible]	[illegible]	[illegible]	[illegible]	[illegible]	[illegible]	[illegible]	[illegible]	[illegible]	[illegible]	[illegible]	[illegible]	[illegible]	[illegible]	[illegible]	[illegible]	[illegible]	[illegible]	[illegible]	[illegible]	[illegible]	[illegible]
Vaucluse	[illegible]	[illegible]	[illegible]	[illegible]	[illegible]	[illegible]	[illegible]	[illegible]	[illegible]	[illegible]	[illegible]	[illegible]	[illegible]	[illegible]	[illegible]	[illegible]	[illegible]	[illegible]	[illegible]	[illegible]	[illegible]	[illegible]	[illegible]	[illegible]	[illegible]	[illegible]
Vendée	[illegible]	[illegible]	[illegible]	[illegible]	[illegible]	[illegible]	[illegible]	[illegible]	[illegible]	[illegible]	[illegible]	[illegible]	[illegible]	[illegible]	[illegible]	[illegible]	[illegible]	[illegible]	[illegible]	[illegible]	[illegible]	[illegible]	[illegible]	[illegible]	[illegible]	[illegible]
Vienne	[illegible]	[illegible]	[illegible]	[illegible]	[illegible]	[illegible]	[illegible]	[illegible]	[illegible]	[illegible]	[illegible]	[illegible]	[illegible]	[illegible]	[illegible]	[illegible]	[illegible]	[illegible]	[illegible]	[illegible]	[illegible]	[illegible]	[illegible]	[illegible]	[illegible]	[illegible]
Vienne (Haute-)	[illegible]	[illegible]	[illegible]	[illegible]	[illegible]	[illegible]	[illegible]	[illegible]	[illegible]	[illegible]	[illegible]	[illegible]	[illegible]	[illegible]	[illegible]	[illegible]	[illegible]	[illegible]	[illegible]	[illegible]	[illegible]	[illegible]	[illegible]	[illegible]	[illegible]	[illegible]
Vosges	[illegible]	[illegible]	[illegible]	[illegible]	[illegible]	[illegible]	[illegible]	[illegible]	[illegible]	[illegible]	[illegible]	[illegible]	[illegible]	[illegible]	[illegible]	[illegible]	[illegible]	[illegible]	[illegible]	[illegible]	[illegible]	[illegible]	[illegible]	[illegible]	[illegible]	[illegible]
Yonne	[illegible]	[illegible]	[illegible]	[illegible]	[illegible]	[illegible]	[illegible]	[illegible]	[illegible]	[illegible]	[illegible]	[illegible]	[illegible]	[illegible]	[illegible]	[illegible]	[illegible]	[illegible]	[illegible]	[illegible]	[illegible]	[illegible]	[illegible]	[illegible]	[illegible]	[illegible]
Totaux	[illegible]	[illegible]	[illegible]	[illegible]	[illegible]	[illegible]	[illegible]	[illegible]	[illegible]	[illegible]	[illegible]	[illegible]	[illegible]	[illegible]	[illegible]	[illegible]	[illegible]	[illegible]	[illegible]	[illegible]	[illegible]	[illegible]	[illegible]	[illegible]	[illegible]	[illegible]

ÉTAT N° 3.

SITUATION DES EMPRUNTS.

ÉTAT N° 3.

Situation des emprunts en 1862.

DÉPARTEMENTS.	EMPRUNTS.			MONTANT
	MONTANT des emprunts.	REMBOURSEMENTS effectués au 31 décembre 1862.	RESTE DÛ.	DES AUTRES DETTES communales.
1	2	3	4	5
	fr. c.	fr. c.	fr. c.	fr. c.
Ain	1,172,077 48	320,456 77	842,620 71	1,061,921 36
Aisne	2,438,971 32	788,936 32	1,650,035 00	492,907 05
Allier	571,533 37	258,089 57	313,443 70	257,660 42
Alpes (Basses-)	101,886 00	55,099 17	46,786 83	26,500 00
Alpes (Hautes-)	198,990 00	78,215 00	120,775 00	518,845 00
Alpes-Maritimes	2,434,306 80	196,820 38	2,237,486 42	1,732,107 15
Ardèche	916,580 00	192,057 00	724,523 00	443,093 00
Ardennes	478,330 00	37,952 00	440,378 00	400,222 00
Ariége	229,624 00	66,423 23	163,200 77	198,317 72
Aube	2,151,915 70	247,950 08	1,903,965 62	508,040 15
Aude	150,800 00	2,759 52	148,040 48	31,060 00
Aveyron	780,170 59	119,229 49	660,941 10	254,180 74
Bouches-du-Rhône	89,235,630 00	21,886,803 00	67,348,827 00	5,405,855 00
Calvados	3,499,272 00	792,354 00	2,706,918 00	1,232,631 00
Cantal	107,000 80	33,030 55	73,970 25	154,352 52
Charente	2,406,958 30	712,343 65	1,694,614 65	482,877 23
Charente-Inférieure	3,126,141 34	1,066,792 22	2,059,349 12	353,787 08
Cher	1,529,284 20	453,879 46	1,075,404 74	330,390 68
Corrèze	82,671 00	19,203 90	63,467 10	133,026 53
Corse	337,858 00	80,874 88	256,983 12	138,408 00
Côte-d'Or	1,497,471 65	441,500 00	1,055,971 65	944,404 94
Côtes-du-Nord	993,722 57	305,932 50	687,790 07	18,850 19
Creuse	93,185 00	34,226 00	58,959 00	95,493 00
Dordogne	2,716,982 55	655,855 10	2,061,127 45	176,924 78
Doubs	1,138,957 00	411,900 00	721,557 00	215,472 00
Drôme	1,103,055 46	437,757 00	665,298 46	79,418 40
Eure	1,618,789 56	495,087 94	1,123,701 62	1,009,274 00
Eure-et-Loir	1,080,160 00	277,855 78	802,304 22	444,172 78
Finistère	1,155,827 08	327,301 00	828,526 08	229,434 07
Gard	2,885,106 00	1,677,100 00	1,208,006 00	70,000 00

ÉTAT N° 3.

Situation des emprunts en 1862. (Suite.)

DÉPARTEMENTS.	EMPRUNTS.			MONTANT des autres dettes communales.
	MONTANT des emprunts.	REMBOURSEMENTS effectués au 31 décembre 1862.	RESTE DÛ.	
1	2	3	4	5
	fr. c.	fr. c.	fr. c.	fr. c.
Garonne (Haute-)	6,253,258 40	1,052,300 22	5,200,949 18	295,326 35
Gers	874,650 81	97,801 52	776,840 29	40,667 09
Gironde	6,383,335 00	761,348 43	5,621,986 57	76,575 94
Hérault	6,020,311 92	2,023,551 39	3,996,760 53	1,912,025 60
Ille-et-Vilaine	1,557,287 50	324,176 47	1,233,111 03	274,482 89
Indre	1,124,949 00	434.055 00	690,894 00	142,475 00
Indre-et-Loire	1,712,827 84	376,314 42	1,336,513 42	1,160,046 53
Isère	3,511,276 82	889,784 72	2,621,492 10	1,737,789 22
Jura	953,018 21	262,641 90	690,376 31	163,812 73
Landes	272,000 00	50,767 00	221,233 00	"
Loir-et-Cher	2,362,801 00	839,600 00	1,523,200 00	823,001 00
Loire	4,637,476 38	524,960 61	4,637,476 38	1,376,078 20
Loire (Haute-)	183,000 00	75,000 00	108,600 00	1,700 00
Loire-Inférieure	3,205,300 00	1,557,450 00	1,647,850 00	40,012 00
Loiret	2,789,969 22	334,204 01	2,455,765 21	725,227 33
Lot	889,718 51	277,092 20	612,626 31	125,455 54
Lot-et-Garonne	962,108 10	402,730 07	559,378 03	"
Lozère	107,000 00	69,600 00	37,400 00	"
Maine-et-Loire	4,792,469 16	2,013,392 72	2,779,076 44	948,143 58
Manche	3,062,596 48	692,718 38	2,369,878 10	1,997,697 71
Marne	1,527,715 00	445,158 00	1,082,557 00	758,711 00
Marne (Haute-)	251,366 00	66,876 00	189,840 00	407,825 00
Mayenne	2,223,640 00	682,922 00	1,540,718 00	237,542 00
Meurthe	894,363 00	191,800 00	702,563 00	1,120,822 00
Meuse	1,107,729 00	326,758 00	780,971 00	1,534,457 00
Morbihan	248,000 00	5,400 00	242,600 00	"
Moselle	2,091,790 32	90,508 89	2,001,281 43	346,342 15
Nièvre	1,899,076 00	652,460 33	1,246,615 67	102,274 00
Nord	27,567,530 00	4,026,777 00	23,540,753 00	11,805,710 00
Oise	1,123,457 22	271,426 65	852,030 57	362,770 99

ÉTAT N° 3.

Situation des emprunts en 1862. (Suite.)

DÉPARTEMENTS.	EMPRUNTS.			MONTANT des autres dettes communales.
	MONTANT des emprunts.	REMBOURSEMENTS effectués au 31 décembre 1862.	RESTE DÛ.	
1	2	3	4	5
	fr. c.	fr. c.	fr. c.	fr. c.
Orne	746,517 11	292,553 89	553,963 22	1,072,505 11
Pas-de-Calais	2,026,536 00	463,545 00	2,165,656 00	197,872 00
Puy-de-Dôme	2,662,388 73	436,208 18	2,226,180 55	429,832 00
Pyrénées (Basses-)	3,758,261 60	453,966 02	3,304,296 58	349,139 00
Pyrénées (Hautes-)	993,505 00	138,003 57	855,501 43	85,000 00
Pyrénées-Orientales	572,722 00	244,281 00	328,441 00	138,500 00
Rhin (Bas-)	1,096,335 00	216,620 00	879,715 00	1,038,133 00
Rhin (Haut-)	2,720,961 80	924,216 50	1,796,745 30	1,350,204 66
Rhône	35,977,254 00	2,790,563 00	33,186,691 00	20,197,507 00
Saône (Haute-)	614,500 00	64,648 00	549,852 00	120,518 00
Saône-et-Loire	389,911 00	136,508 00	253,403 00	22,100 00
Sarthe	1,128,487 00	311,782 43	816,704 56	108,007 00
Savoie	3,400,335 87	495,202 17	2,905,133 70	510,684 81
Savoie (Haute-)	3,547,245 96	133,548 49	3,413,697 47	53,985 40
Seine (arrondissements de Sceaux et de Saint-Denis)	1,320,577 63	560,887 44	680,966 47	1,123,458 41
Seine-Inférieure	28,916,126 48	3,206,896 29	25,709,230 19	2,002,240 86
Seine-et-Marne	2,432,242 91	599,884 60	1,832,358 31	1,750,045 88
Seine-et-Oise	4,728,886 00	1,361,892 00	3,366,994 00	330,154 00
Sèvres (Deux-)	2,206,688 00	365,238 00	1,841,450 00	367,647 00
Somme	1,849,578 05	1,000,866 24	848,711 81	63,304 97
Tarn	1,317,788 00	585,822 00	731,966 00	324,602 00
Tarn-et-Garonne	1,535,779 85	459,592 45	1,076,187 40	49,834 04
Var	1,736,648 00	609,474 64	1,127,173 36	427,702 56
Vaucluse	1,406,766 69	205,628 14	1,201,637 54	1,128,228 37
Vendée	712,111 50	300,299 48	411,812 02	"
Vienne	1,174,306 34	570,822 51	603,483 83	557,016 34
Vienne (Haute-)	176,500 00	115,369 30	6[illegible],[illegible]30 70	898,658 49
Vosges	447,826 90	99,079 90	348,747 00	1,222,948 98
Yonne	1,175,553 00	253,897 00	921,656 00	448,010 00
TOTAUX	328,196,219 08	69,699,665 68	259,045,303 17	82,932,006 57

ÉTAT N° 4.

DÉNOMBREMENT DES COMMUNES

D'APRÈS

L'IMPORTANCE DE LEURS REVENUS.

ÉTAT N° 4.

Dénombrement des communes d'après l'importance de leurs revenus en 1862.

DÉPARTEMENTS.	NOMBRE de COMMUNES.	NOMBRE DES COMMUNES AYANT									NOMBRE DES COMMUNES ayant	
		moins de 100f de recettes ordinaires.	de 100f à 200f de recettes ordinaires.	de 201f à 500f de recettes ordinaires.	de 501f à 1,000f de recettes ordinaires.	de 1,001f à 10,000f de recettes ordinaires.	de 10,001f à 30,000f de recettes ordinaires.	de 30,001f à 100,000f de recettes ordinaires.	de 100,001f à 1 million de recettes ordinaires.	au delà d'un million de recettes ordinaires.	moins de 300 habitants	de 300 à 500 habitants
1	2	3	4	5	6	7	8	9	10	11	12	13
Ain	450	″	″	″	5	392	48	4	1	″	59	119
Aisne	836	″	″	″	6	756	63	8	3	″	268	216
Allier	317	″	″	″	4	298	9	5	1	″	6	40
Alpes (Basses-)	254	″	″	5	20	216	11	2	″	″	101	50
Alpes (Hautes-)	189	″	″	″	6	171	10	2	″	″	50	40
Alpes-Maritimes	146	″	″	″	4	117	16	6	3	″	29	24
Ardèche	339	″	″	″	1	317	16	3	2	″	15	48
Ardennes	478	″	″	″	1	411	54	10	2	″	107	173
Ariége	335	″	″	7	34	280	10	4	″	″	89	90
Aube	446	″	″	″	5	388	48	4	1	″	149	147
Aude	434	″	″	3	13	404	10	1	3	″	150	108
Aveyron	283	1	″	″	1	268	9	3	1	″	3	19
Bouches-du-Rhône	106	1	1	7	4	56	30	4	2	1	8	6
Calvados	767	″	″	11	76	648	21	4	7	″	276	222
Cantal	259	″	″	″	3	245	8	2	1	″	19	49
Charente	427	″	″	″	7	402	13	3	2	″	24	88
Charente-Inférieure	479	″	″	″	11	425	31	9	3	″	53	92
Cher	290	″	1	4	3	257	21	3	1	″	23	46
Corrèze	286	″	″	2	7	270	5	1	1	″	15	47
Corse	353	″	″	1	5	340	4	1	2	″	72	101
Côte-d'Or	717	″	″	″	8	643	59	4	3	″	299	203
Côtes-du-Nord	382	″	″	″	12	349	15	5	1	″	5	32
Creuse	261	″	″	6	51	199	3	2	″	″	14	47
Dordogne	582	″	″	6	44	520	9	1	2	″	59	123
Doubs	639	″	1	9	31	526	67	4	1	″	349	152
Drôme	366	″	″	7	13	297	42	4	3	″	103	83
Eure	700	″	″	4	42	627	13	11	3	″	233	204
Eure-et-Loir	426	″	″	2	6	395	19	3	1	″	82	137
Finistère	284	1	″	1	15	236	25	3	3	″	7	8
Gard	345	″	″	1	9	279	44	9	2	1	52	63

ÉTAT N° 4.

Dénombrement des communes d'après l'importance de leurs revenus en 1862. (Suite.)

DÉPARTEMENTS.	NOMBRE de COMMUNES.	NOMBRE DES COMMUNES AYANT									NOMBRE DES COMMUNES ayant	
		moins de 100f de recettes ordinaires.	de 100f à 200f de recettes ordinaires.	de 201f à 500f de recettes ordinaires.	de 501f à 1,000f de recettes ordinaires.	de 1,001f à 10,000f de recettes ordinaires.	de 10,001f à 30,000f de recettes ordinaires.	de 30,001f à 100,000f de recettes ordinaires.	de 100,001f à 1 million de recettes ordinaires.	au delà d'un million de recettes ordinaires.	moins de 300 habitants	de 301 à 500 habitants
1	2	3	4	5	6	7	8	9	10	11	12	13
Garonne (Haute-)	578	//	//	4	33	509	27	3	1	1	164	414
Gers	466	9	12	12	13	400	17	2	1	//	125	212
Gironde	547	//	//	1	11	473	54	6	1	1	97	114
Hérault	331	//	//	2	4	272	39	10	3	1	87	59
Ille-et-Vilaine	350	1	6	10	17	288	21	5	2	//	14	40
Indre	245	//	//	//	//	224	16	3	2	//	15	44
Indre-et-Loire	281	//	//	//	//	247	29	4	1	//	17	47
Isère	550	//	//	//	1	491	52	4	2	//	46	90
Jura	583	//	//	3	26	520	25	6	3	//	257	161
Landes	331	21	65	73	60	102	7	3	//	//	31	71
Loir-et-Cher	298	//	//	2	10	269	14	1	2	//	43	62
Loire	319	//	//	//	//	260	50	4	4	1	15	47
Loire (Haute-)	260	//	//	//	10	239	9	1	1	//	19	42
Loire-Inférieure	208	//	//	//	//	173	32	2	//	1	//	2
Loiret	349	2	3	5	11	295	28	4	1	//	52	119
Lot	315	//	//	1	8	296	7	2	1	//	16	51
Lot-et-Garonne	316	//	//	//	6	285	20	4	1	//	7	81
Lozère	193	//	//	//	9	181	2	1	//	//	35	50
Maine-et-Loire	376	//	//	//	4	328	35	6	3	//	18	40
Manche	644	//	//	2	18	583	31	5	5	//	100	146
Marne	666	//	//	//	//	597	63	2	4	//	322	160
Marne (Haute-)	550	//	//	3	9	496	36	4	2	//	247	163
Mayenne	274	//	//	//	3	259	8	2	2	//	4	28
Meurthe	714	//	//	8	4	641	53	6	2	//	266	230
Meuse	587	//	//	//	4	499	78	4	2	//	205	190
Morbihan	237	//	//	5	11	201	14	4	2	//	9	16
Moselle	629	//	//	2	3	579	41	3	1	//	128	293
Nièvre	314	//	//	//	//	277	30	6	1	//	24	54
Nord	660	//	//	//	1	490	134	23	10	2	59	84
Oise	700	//	//	//	//	658	36	4	2	//	231	200

ÉTAT N° 4.

Dénombrement des communes d'après l'importance de leurs revenus en 1862. (Suite.)

DÉPARTEMENTS.	NOMBRE de COMMUNES.	NOMBRE DES COMMUNES AYANT									NOMBRE DES COMMUNES ayant	
		moins de 100f de recettes ordinaires.	de 100f à 200f de recettes ordinaires.	de 201f à 500f de recettes ordinaires.	de 501f à 1,000f de recettes ordinaires.	de 1,001f à 10,000f de recettes ordinaires.	de 10,001f à 30,000f de recettes ordinaires.	de 30,001f à 100,000f de recettes ordinaires.	de 100,001f à 1 million de recettes ordinaires.	au delà d'un million de recettes ordinaires.	moins de 300 habitants	de 301 à 500 habitants
1	2	3	4	5	6	7	8	9	10	11	12	13
Orne	511	"	"	2	32	460	9	6	2	"	72	153
Pas-de-Calais	903	"	"	"	11	805	60	11	6	1	220	239
Puy-de-Dôme	443	"	"	"	14	401	21	4	3	"	22	49
Pyrénées (Basses-)	561	2	3	5	28	484	34	3	2	"	106	267
Pyrénées (Hautes-)	479	"	3	18	41	394	20	1	2	"	212	128
Pyrénées-Orientales	230	"	2	23	34	160	10	"	1	"	68	62
Rhin (Bas-)	542	"	"	"	"	387	118	34	2	1	92	111
Rhin (Haut-)	490	"	"	1	4	350	110	21	4	"	106	181
Rhône	258	"	"	"	2	232	18	2	3	1	15	39
Saône (Haute-)	583	"	"	1	9	499	67	5	2	"	203	176
Saône-et-Loire	584	"	"	"	0	526	41	5	3	"	66	108
Sarthe	389	"	"	2	11	356	16	3	1	"	27	45
Savoie	325	"	"	"	1	303	17	3	1	"	31	77
Savoie (Haute-)	309	"	"	"	4	286	15	3	1	"	31	73
Seine. (Arrondissements de Sceaux et de Saint-Denis.)	69	"	"	"	"	21	25	16	7	"	2	5
Seine-Inférieure	759	"	"	1	8	686	49	9	4	2	134	299
Seine-et-Marne	527	"	"	"	1	447	69	6	4	"	164	141
Seine-et-Oise	684	"	"	4	27	597	40	12	4	"	182	172
Sèvres (Deux-)	355	"	"	1	4	332	14	3	1	"	37	18
Somme	832	"	"	3	14	766	45	2	1	1	224	261
Tarn	316	"	1	3	13	274	18	5	2	"	40	74
Tarn-et-Garonne	193	"	"	"	3	169	18	2	1	"	9	35
Var	143	"	"	"	2	88	45	7	"	1	9	17
Vaucluse	149	3	2	3	3	99	28	9	2	"	23	18
Vendée	298	2	9	113	74	93	3	2	2	"	7	28
Vienne	296	"	"	"	7	274	12	1	2	"	31	85
Vienne (Haute-)	190	"	10	4	2	173	8	1	1	"	6	55
Vosges	548	"	"	"	3	457	75	11	2	"	157	146
Yonne	483	2	2	23	27	360	60	7	2	"	83	150
TOTAUX	37,505	45	121	416	1,111	32,343	2,815	453	185	16	7,740	9,408

ÉTAT N° 5.

RENSEIGNEMENTS DIVERS.

ÉTAT N° 5.

Renseignements divers. — 1862.

DÉPARTEMENTS.	NOMBRE des COMMUNES.	NOMBRE de COMMUNES ayant des octrois en 1862.	NOMBRE de COMMUNES ayant des revenus indépendamment des taxes municipales en 1862.	MONTANT de CES REVENUS.	NOMBRE de COMMUNES grevées d'emprunts en 1862.	NOMBRE de COMMUNES imposées pour dépenses obligatoires et facultatives en 1862.	NOMBRE de COMMUNES imposées pour dépenses extraordinaires en 1862.
1	2	3	4	5	6	7	8
				fr. c.			
Ain	450	16	359	559,882 00	82	450	237
Aisne	836	16	581	700,334 99	145	823	352
Allier	317	12	135	89,853 57	38	106	126
Alpes (Basses-)	254	10	218	221,121 32	12	107	54
Alpes (Hautes-)	189	8	189	313,921 00	13	71	39
Alpes-Maritimes	140	16	141	635,143 28	8	46	29
Ardèche	339	8	117	125,957 46	20	324	110
Ardennes	478	7	380	917,417 00	23	227	147
Ariége	335	25	71	44,864 19	11	301	175
Aube	446	5	355	601,994 77	44	395	185
Aude	434	7	434	260,445 63	7	356	192
Aveyron	283	10	282	149,692 06	15	144	113
Bouches-du-Rhône	106	54	89	203,745 00	33	43	49
Calvados	767	10	332	306,329 00	105	227	458
Cantal	259	11	125	56,228 75	12	234	97
Charente	427	18	78	22,436 62	43	308	184
Charente-Inférieure	479	19	186	261,904 23	104	418	208
Cher	290	3	289	633,616 12	45	163	90
Corrèze	286	7	47	81,558 56	7	79	99
Corse	353	9	187	250,982 00	11	277	79
Côte-d'Or	717	14	551	1,077,814 00	105	546	48
Côtes-du-Nord	382	24	149	48,753 51	27	118	80
Creuse	261	7	34	16,152 76	12	4	59
Dordogne	582	20	186	28,437 28	63	123	195
Doubs	639	3	628	3,395,055 00	25	9	8
Drôme	366	19	230	161,653 32	37	344	173
Eure	700	32	405	200,017 63	69	190	265
Eure-et-Loir	426	7	208	239,074 65	50	361	231
Finistère	284	156	122	226,888 07	19	63	43
Gard	345	14	345	769,150 00	27	249	63

ÉTAT N° 5.

Renseignements divers. — 1862. (Suite.)

DÉPARTEMENTS.	NOMBRE des COMMUNES.	NOMBRE de COMMUNES ayant des octrois en 1861.	NOMBRE de COMMUNES ayant des revenus indépendamment des taxes municipales en 1862.	MONTANT de CES REVENUS.	NOMBRE de COMMUNES grevées d'emprunts en 1862.	NOMBRE de COMMUNES imposées pour dépenses obligatoires et facultatives en 1862.	NOMBRE de COMMUNES imposées pour dépenses extraordinaires en 1862.
1	2	3	4	5	6	7	8
				fr. c.			
Garonne (Haute-)	578	24	374	354,588 17	74	469	145
Gers	466	22	159	181,913 71	46	233	164
Gironde	547	22	240	249,239 75	131	422	236
Hérault	331	16	331	1,037,486 69	41	190	134
Ille-et-Vilaine	350	16	158	417,359 10	26	138	65
Indre	245	8	166	121,390 00	54	219	131
Indre-et-Loire	281	4	133	275,029 63	19	108	187
Isère	550	43	550	1,069,571 00	78	420	204
Jura	583	12	573	1,408,377 64	68	432	109
Landes	331	15	222	367,133 00	9	20	54
Loir-et-Cher	298	5	112	55,412 00	56	213	175
Loire	319	15	151	70,173 00	44	307	125
Loire (Haute-)	260	5	141	59,208 73	8	260	101
Loire-Inférieure	208	10	111	1,833,671 03	12	67	83
Loiret	349	15	139	243,121 73	42	286	214
Lot	315	10	112	128,127 82	39	239	145
Lot-et-Garonne	316	46	92	46,300 00	37	164	173
Lozère	193	2	78	20,990 00	5	168	//
Maine-et-Loire	376	13	191	643,467 00	74	186	153
Manche	644	15	163	392,371 00	68	641	339
Marne	666	5	542	980,372 64	64	598	276
Marne (Haute-)	550	5	550	1,670,953 00	49	50	52
Mayenne	274	8	177	70,954 00	63	76	127
Meurthe	714	9	677	1,765,250 00	64	714	330
Meuse	587	4	587	2,577,452 00	56	314	80
Morbihan	237	34	106	39,970 00	5	169	17
Moselle	629	8	506	973,007 00	79	505	131
Nièvre	314	5	311	792,388 00	34	301	204
Nord	660	49	656	1,489,343 00	213	572	372
Oise	700	11	412	346,723 72	27	690	288

ÉTAT N° 5.

Renseignements divers. — *1862.* (Suite.)

DÉPARTEMENTS.	NOMBRE des COMMUNES.	NOMBRE de COMMUNES ayant des octrois en 1862.	NOMBRE de COMMUNES ayant des revenus indépendamment des taxes municipales en 1862.	MONTANT de CES REVENUS.	NOMBRE de COMMUNES grevées d'emprunts en 1862.	NOMBRE de COMMUNES imposées pour dépenses obligatoires et facultatives en 1862.	NOMBRE de COMMUNES imposées pour dépenses extra-ordinaires en 1862.
1	2	3	4	5	6	7	8
				fr. c.			
Orne	511	10	236	116,717 35	28	15	233
Pas-de-Calais	903	24	455	469,133 00	62	851	347
Puy-de-Dôme	443	6	250	165,709 98	42	302	153
Pyrénées (Basses-)	561	33	307	1,941,941 00	44	270	41
Pyrénées (Hautes-)	479	29	407	448,468 90	8	160	44
Pyrénées-Orientales	230	23	150	150,215 10	21	130	26
Rhin (Bas-)	543	6	543	4,752,940 00	18	309	55
Rhin (Haut-)	490	10	490	5,449,158 00	23	123	47
Rhône	258	6	130	83,493 00	21	225	149
Saône (Haute-)	583	6	581	2,387,539 00	15	58	27
Saône-et-Loire	584	13	584	831,025 80	28	143	111
Sarthe	389	5	162	47,393 94	47	157	160
Savoie	325	16	296	478,685 21	135	320	221
Savoie (Haute-)	309	9	280	410,441 31	184	278	194
Seine. (Arrondissements de Sceaux et de St-Denis.)	69	33	69	161,760 00	23	46	59
Seine-Inférieure	759	21	392	727,528 68	139	205	232
Seine-et-Marne	527	11	247	207,848 47	129	510	312
Seine-et-Oise	684	13	684	1,025,995 00	267	645	400
Sèvres (Deux-)	355	20	121	63,081 00	100	278	151
Somme	832	7	503	393,509 96	43	756	427
Tarn	316	27	97	107,574 00	34	225	161
Tarn-et-Garonne	193	17	97	58,741 53	49	133	96
Var	143	48	114	572,442 48	41	44	38
Vaucluse	149	40	118	1,605,701 00	14	94	59
Vendée	298	11	127	180,596 00	60	143	155
Vienne	296	8	100	110,550 58	41	153	170
Vienne (Haute-)	199	12	20	17,719 94	22	87	103
Vosges	548	11	548	4,433,548 01	25	543	9
Yonne	483	6	343	873,904 00	26	427	221
TOTAUX	37,505	1,434	24,633	59,545,231 36	4,486	24,080	13,403

ıncière de

ECETTES

ONTRIBUTIONS de l'État ou particuliers, egs ou dons pour travaux et services divers.
20 *bis*.
fr. c.
"
286,473 53

ıncière de

ÉPENSES

PENSIONS de retraites et secours.
14
fr. c.
15,543 00
162,639 20

la ville d

COMMUN

TAXES COMMU diverses (Transport de et concessions des dans les cime péages expédition de civils ou admini droits de vo droits de marq
21
1,050,90
2,151,65

la ville de

COMMUN

CONTRIBUTION des propriétés communales.
15
fr. c.
12,829 0
224,400 6

ÉTAT N° 3

Prolonge nouvel
Prolonge abords
Achèvem 4 août 1858, mites
ANCIE
Agrandis
Construc
Capital Paris a
Opératio
Opératio
Rachat d des Ar
—— d
—— d
—— L
Rachat d
Compagn

Situation financière de la ville de Paris en 1836 et en 1862.

RECETTES COMMUNALES.

COMMUNE — PARIS

Situation financière de la ville de Paris en 1836 et en 1862.

DÉPENSES COMMUNALES.

COMMUNE — PARIS

VILLE DE PARIS.

Situation des Emprunts et des autres dettes communales en 1862.

COMMUNES. PARIS.	EMPRUNTS.				MONTANT des autres dettes COMMUNALES.
	MONTANT des emprunts.	REMBOURSEMENTS effectués au 31 décembre 1862.	RESTE DÛ.	DATE du dernier terme à échoir.	
1	2	3	4	5	6
	fr.	fr.	fr.	fr.	fr. c.
ment de la rue de Rivoli et construction de les halles centrales	50,000,000	12,267,000	37,733,000	2 janvier 1871.	//
ment de la rue de Rivoli, dégagement des de l'Hôtel de ville et de la caserne Napoléon	75,000,000	5,291,000	69,709,000	1er sept. 1897.	//
ent des opérations faisant l'objet des lois des 1851, 2 mai 1855, 19 juin 1857 et 28 mai et dépenses nécessitées par l'extension des li- de Paris	143,809,000	4,391,000	139,418,000	Idem.	//
NNES COMMUNES ANNEXÉES A PARIS.					
LA CHAPELLE.					
sement du marché à bestiaux	92,000	78,000	14,000	//	//
LA VILLETTE.					
ion d'un abattoir	200,000	200,000	//	//	//
le 12,330,528 fr. 90 cent. dû par la ville de ux hospices	//	//	//	//	12,330,528 90
s de voirie	//	//	//	//	1,118,538 45
s autres que celles de voirie	//	//	//	//	2,297,947 21
péage sur les ponts d'Austerlitz, de la Cité et ts	//	//	//	//	9,351,997 50
u Carrousel	//	//	//	//	517,781 00
e l'Archevêché, d'Arcole et des Champs-Élysées.	//	//	//	//	1,379,480 00
ouis-Philippe	//	//	//	//	1,050,000 00
u canal Saint-Martin	//	//	//	//	10,800,000 00
ie des eaux	//	//	//	//	56,840,000 00
	269,101,000	22,227,000	246,874,000	//	95,686,273 06

ÉTAT N° 3.

VILLE DE PARIS.

Situation des Emprunts et des autres dettes communales en 1862.

COMMUNES. PARIS.	EMPRUNTS.				MONTANT des autres dettes communales.
	MONTANT des emprunts.	REMBOURSEMENTS effectués au 31 décembre 1862.	RESTE DÛ.	DATE du dernier terme à échoir.	
1	2	3	4	5	6
	fr.	fr.	fr.	fr.	fr. c.
Prolongement de la rue de Rivoli et construction de nouvelles halles centrales	50,000,000	12,267,000	37,733,000	2 janvier 1871.	"
Prolongement de la rue de Rivoli, dégagement des abords de l'Hôtel de ville et de la caserne Napoléon	75,000,000	5,291,000	69,709,000	1er sept. 1897.	"
Achèvement des opérations faisant l'objet des lois des 4 août 1851, 2 mai 1855, 19 juin 1857 et 28 mai 1858, et dépenses nécessitées par l'extension des limites de Paris	143,809,000	4,391,000	139,418,000	*Idem.*	"
ANCIENNES COMMUNES ANNEXÉES A PARIS.					
LA CHAPELLE.					
Agrandissement du marché à bestiaux	92,000	78,000	14,000		"
LA VILLETTE.					
Construction d'un abattoir	200,000	200,000	"	"	"
Capital de 12,330,528 fr. 90 cent. dû par la ville de Paris aux hospices	"	"	"	"	12,330,528 90
Opérations de voirie	"	"	"	"	1,118,538 45
Opérations autres que celles de voirie	"	"	"	"	2,297,947 21
Rachat de péage sur les ponts d'Austerlitz, de la Cité et des Arts	"	"	"	"	9,351,997 50
——— du Carrousel	"	"	"	"	517,781 00
——— de l'Archevêché, d'Arcole et des Champs-Élysées	"	"	"	"	1,379,480 00
——— Louis-Philippe	"	"	"	"	1,050,000 00
Rachat du canal Saint-Martin	"	"	"	"	10,800,000 00
Compagnie des eaux	"	"	"	"	56,840,000 00
	269,101,000	22,227,000	246,874,000	"	95,686,273 00

www.ingramcontent.com/pod-product-compliance
Lightning Source LLC
LaVergne TN
LVHW021150200726
843510LV00001B/294

* 9 7 8 2 3 2 9 6 7 7 2 2 4 *